Jeanne Ruland

Gelebte Liebe –

wie wir ein GLÜCKLICHES LEBEN gestalten

Mein Aloha-Begleiter
für das Jahr und das ganze Leben.

Schirner Verlag

ISBN 978-3-8434-1355-8

Jeanne Ruland:
Gelebte Liebe – wie wir ein glückliches Leben gestalten
Mein Aloha-Begleiter für das Jahr und das ganze Leben

Umschlag: Silja Bernspitz, Schirner, unter Verwendung von # 175150928 (© Natali Zakharova), # 614017487 (© jamlong tunkaew), # 704829295 (© Yanawut Suntornkij), # 332694602 (© Eva Kali), # 274056950 (© Lena Livaya) www.shutterstock.com
Layout: Marie Springer, Schirner
Lektorat: Alina Machka, Schirner
Printed by: Ren Medien GmbH, Germany

www.schirner.com

1. Auflage August 2018

Inhalt

E komo mai! – Sei willkommen!

Du bist ein göttliches Wesen,
das für kurze Zeit
eine menschliche Erfahrung macht.
Sei eins mit dem Ozean
und mit dem Universum.
Deine salzigen Tränen erinnern dich
an deinen ozeanischen Ursprung.
Alles Leben kommt aus dem
Meer der Freude.
Du bist ein göttliches Wesen, geboren aus
fließender, tanzender, leuchtender Energie,
in einem Meer heiligen, natürlichen Lebens.
Kind des Regenbogens von Sonne,
Mond und Sternen,
Licht und Liebe sind bereits in dir.
Lausche den Klängen
der Delfine und der Wale,
sie wecken dich auf.

ALOHA

ALOHA ist eine hawaiianische Grußformel mit der Bedeutung: »Ich teile die Schwingung der Liebe mit dir.« »ALO« steht für »in Anwesenheit einer höheren Kraft« und »HA« für »Atem des Lebens«. Mit dem Einatmen bei unserer Geburt hat der Schöpfer uns das Leben geschenkt, und wir haben es angenommen. ALOHA drückt die Liebe, die Nächstenliebe und die Anerkennung der Liebe in jedem und allem sowie die Gleichstellung aller Menschen aus.

Wir alle tragen den göttlichen Samen, den Funken Gottes in unserem Herzen. Im Buch »Mit den Augen des Herzens« von Karl Ledergerber (1995, Biergheim) beeindruckte mich etwas, was ich hier mit eigenen Worten wiedergeben will: In unserem Herzen gibt es eine fünfte Kammer. Sie wurde im Jahre 1920 durch Dr. Hanish bekannt gemacht. Die fünfte Kammer im Herzen ist eine Zelle, die ein vollkommenes Vakuum darstellt (ein luftleerer Raum). Die Luft, wie wir sie kennen, gibt es nur als Hülle um unseren Planeten. Im Universum herrscht ein Vakuum. So auch in dieser Zelle unseres Herzens. Dr. Hanish erstellte mit einer mikroskopischen Kamera ein Bild von dieser Zelle und vergrößerte es um ein Einmillionenfaches. Er entdeckte in dieser Kammer eine aufrecht stehende, erwachsene, geschlechtslose menschliche Gestalt in vollkommener Jugendlichkeit. Diese Kammer bezeichnete er als Schlüsselloch in die Geistige Welt.

Das, was ich immer schon tief in mir gefühlt hatte, fand ich hier bestätigt: Wir tragen das Christusbewusstsein, die Buddha-Natur, den Samen des Göttlichen in uns. Aus dieser Quelle können wir schöpfen und über uns hinauswachsen. Das fünfte Element ist die Liebe, die alles miteinander verbindet. Sie leuchtet in uns als ewige Herzensflamme und wartet auf ihr vollständiges Erwachen.

Tritt jeden Tag einige Zeit mit dieser Kammer in Kontakt. Lege die Hände auf dein Herz, und erspüre diesen Raum in dir. Es ist ein heiliger Raum. Hier können wir den ewigen Strom des Lebens spüren. Wenn wir echte Liebe für das Sein, für unser Leben und andere Wesen empfinden, weitet und wärmt sich diese Stelle, und wir spüren, wie sich dieser Raum ausdehnt. In ihm ist alles möglich. Er ist grenzenlos und weit.

Wenn wir jemanden mit »ALOHA« begrüßen, berühren wir den heiligen Raum, die fünfte Kammer in seinem Herzen. Wir verbinden uns mit dem Sein. Dadurch werden wir von dem universellen Strom des Lebens getragen und können das, was uns verbindet, miteinander teilen. Wer immer in deinen Lebensstrom geführt wird, ist ebenfalls ein Träger/eine Trägerin dieses göttlichen Funkens im Herzen. Mögen wir dieses Licht in allem sehen und seinen Segen noch stärker erfahren! Mögest du viele versteckte und offene Segnungen und Wunder erleben. Alles ist vorhanden, alles ist möglich. Erwarte das Beste. Glück und Segen auf deinem Weg.

ALOHA,
Jeanne Ruland

Zum Begleiter

In diesem Begleiter findest du eine Einführung in das HUNA-System und eine kleine spirituelle Anregung für jede Woche. Du kannst die Wochenübungen einmal als Einstimmung für das neue Jahr machen, du kannst sie natürlich aber auch regelmäßig jeden Monat praktizieren. Die folgenden Monate erhältst du Anregungen und Übungen, die dich das ganze Jahr über begleiten und denen du im jeweiligen Monat nachgehen kannst, wann immer du Muße hast. Im Anschluss an jeden Monat erhältst du viel Platz für persönliche Notizen, wo du festhalten kannst, was dir Besonderes widerfahren ist.

Die Aufzeichnungen des Herzens
sind die schönsten in unserem Leben.

Mich persönlich zieht der hawaiianische Schamanismus in seinen Bann, weil er eine zutiefst liebevolle, aufrichtige alte Weisheit im Umgang darüber, wie man mit sich selbst, seinen Mitmenschen und seiner Umwelt umgehen sollte, in sich trägt. Der »ALOHA-Spirit« berührt uns tief im Innersten. Eine uralte liebende Herzensweisheit – wahrscheinlich aus Lemuria stammend – erwacht nicht nur im Herzen. Sie erwacht in jeder Zelle und in jedem Atom. Alles leuchtet, lebt und strahlt. ALOHA.

Die *Kahunas* sagen: »Ihr habt die Uhr, und wir haben die Zeit.« Bei aller Planung sollten wir uns stets bewusst sein, dass wir die Zukunft nicht festlegen können. Das Universum ist lebendig und ein ständiger Strom aus Energie. Es gibt nichts Festes in unserem Universum. Es kann jederzeit zu einer Richtungsänderung kommen. Unsere Entscheidungen und Handlungen können im Einklang mit diesem Energiefluss sein und dadurch Kraft haben. Wenn wir etwas absagen oder verändern, so können wir äußerlich als unzuverlässig gelten, doch es ist unsere Aufgabe, der Kraft, die wir in unserem Herzen fühlen, zu folgen – und diese ist nicht linear, sondern hat Kurven, Tiefen, Höhen, Stromschnellen und seicht fließende Stellen.

Ich bin zur richtigen Zeit am richtigen Ort
und tue genau das Richtige.

Ich wünsche mir von Herzen, dass dir das Büchlein, das du gerade in deinen Händen hältst, ganz viel Freude bringen wird, dass es dich an die Liebe erinnert, dir so viel gibt und dir genauso lieb wird wie mir. Es hat seinen Weg zu dir gefunden. Ich möchte dir von Herz zu Herz einen hawaiianischen Segen übermitteln. Ich weiß, dass dir dieser Begleiter ein Schatzkästchen der Liebe und des Lebensweges werden kann.

ALOHA Mahalo.
Alles ist möglich.
Alles ist vorhanden.
Hier und jetzt.
Ich vertraue und erwarte das Beste.

Möge der goldene Regen des Segens und des Friedens um dich fließen, dich beschützen und dich auf deinem Weg glückeinwärts tragen.

Ho'omakai – Segen

Bevor du etwas beginnst –
lasse das goldene Licht des Segens hineinfließen.
Segne die Gegenwart!
Segne, bis du lächelst!

Wer fluchen kann, der kann auch segnen. Das Segnen ist eine der wichtigsten Gesten auf Hawaii. Jeder Beginn und jeder Abschluss eines Treffens, einer Zeremonie, eines Rituals oder eines Tanzes wird gesegnet, damit die jeweilige Zusammenkunft unter dem Schutz der höchsten Kräfte steht. Der Segen für neue Abschnitte und für das Leben ist sehr wichtig, weil er uns freigibt. Er lässt die Zellstruktur aller Lebewesen aufleuchten und verleiht ihnen Schönheit, Kraft und Vitalität. Er bringt Licht in ein Energiefeld und öffnet es für die ewig fließende Energie der Schöpfung. ***»Ho'omakai«*** ist das hawaiianische Wort für »Segen«. Es bedeutet auch »Wohlwollen«, »Güte« und »gute Erfahrung«.

Jeder Tag ist ein Geschenk der Schöpfung an dich. Jeder Atemzug trägt dich auf deinem Weg. Segne jeden neuen Tag am Morgen und am Abend, und öffne dich für die kleinen und großen Segensgeschenke, die am Rande deines Weges leuchten. Lasse dich vom Alltag verzaubern – ein Lächeln, ein gutes Gespräch, eine duftende Blume, singende Vögel, der Wind im Haar, positive Gedanken, Liebe, ein schöner Brief, sauberes Wasser, gesunde Nahrung, Gesundheit, gehen, sprechen, tanzen, malen, lachen können, Sonnenstrahlen, Regentropfen, Sterne am Himmel, ein kraftvoller Baum, kleine Aufmerksamkeiten, eine helfende Hand, liebe Worte und Gesten …

E pili mau na pomaika'i me ,oe.
(Mögest du immer Glück erfahren.)

Jedes Projekt ist eine Eingebung aus den höchsten Ebenen. Segne es, bevor du dich an die Arbeit machst. Segne dein Leben, deine Familie, deine Kinder, deine Freunde, deine Bekannten, deine Feinde, deine Kollegen, deinen Beruf, den Ort, an dem du lebst, das Feuer, das Wasser, die Erde, die Luft, die Mineralien, die Steine, die Pflanzen, die Tiere und die unsichtbaren Wesen, die dich umgeben und begleiten, und alles, was in deinen Lebensstrom geführt wird.

Lege deine Hand auf das goldene Bild,
nimm den Segen in dich auf, du bist gesegnet!
Segne die Gegenwart!

Möge der goldene Regen des Segens,
des Friedens und des Schutzes
durch mich (dich/uns) strömen
und in die Welt und in alles hineinfließen,
womit ich (du/wir) – sichtbar und im Verborgenen –
verbunden bin (bist/sind).

Möge der goldene Regen des Segens,
des Friedens und des Schutzes
durch mich (dich/uns) und um mich (dich/uns) fließen,
um alle Wesen und um die Welt, zum Ruhme
und zur Ehre der Schöpfung.
ALOHA Mahalo!

Übung: Der goldene Segen

Hebe zum Segnen deine Arme hoch. Fühle, wie die Segensenergie ***Mana Loa*** in deine Hände und Arme fließt. Sie können zu kribbeln beginnen und warm werden. Führe, während du sprichst, die Arme langsam in deinem Tempo nach unten. Stelle dir vor, wie eine goldene Lichtsäule, eine goldene Lichtdusche, eine Lichtkugel oder ein Lichtmantel dich umhüllt und wie die Segensenergie in alles hineinströmt, womit du – sichtbar und im Verborgenen – verbunden bist, zum Ruhme und zur Ehre der gesamten Schöpfung.

Dies ist die allererste Übung, die du täglich ausführen kannst: Gib anderen deinen Segen. Segensformeln können sein: »Ich segne alles, was du tust« oder: »Möge mein Segen mit dir sein.«

ALOHA-Spirit – Das Gesetz von ALOHA

Die folgenden Zeilen (A und B) sind eine Übersetzung eines Teils der Hawaii Revised Statutes, www.hawaii.edu/uhwo/clear/home/lawaloha.html

[5-7.5] ALOHA-Spirit
(A) Der ALOHA-Spirit ist die Koordination zwischen Verstand und Herz in jeder Person. Er bringt jede Person zum Selbst. Jede Person muss gute Gedanken und Gefühle an andere aussenden. Im Nachsinnen und der Präsenz der Lebenskraft »Aloha« sollte das folgende »unuhi laula loa« benutzt werden:
»Ahonui«, was Geduld bedeutet, die mit Ausdauer ausgedrückt werden sollte.
»Lokahi«, was Einheit bedeutet, die mit Harmonie ausgedrückt werden sollte.
»Oluolu«, was liebenswürdig bedeutet, was mit Freundlichkeit ausgedrückt werden sollte.
»Haahaa«, was Bescheidenheit bedeutet, die mit Anspruchslosigkeit ausgedrückt werden sollte.
»Akahai«, was Freundlichkeit bedeutet, die mit Zartheit ausgedrückt werden sollte.

Dies sind Eigenschaften, die den Charme, die Wärme und die Aufrichtigkeit der Menschen von Hawaii zum Ausdruck bringen. Der ALOHA-Spirit entsprach der Arbeitsphilosophie der einheimischen Hawaiianer und wurde als Geschenk an die Menschen in Hawaii vorgestellt. ALOHA ist mehr als ein Wort des Grußes, des Abschieds oder eine Anrede. ALOHA bedeutet gegenseitige Achtung, Zuneigung und Wärme. ALOHA ist die Essenz von Beziehungen, in denen jeder Mensch für die kollektive Existenz wichtig ist. ALOHA bedeutet, zu hören, was nicht gesagt wird, zu sehen, was nicht gesehen werden kann, und zu wissen, was unerkennbar ist.

(B) Bei der Ausführung ihrer Staatsmacht im Namen der Bevölkerung und in der Erfüllung ihrer Verantwortlichkeit, ihrer Verpflichtungen und ihres Dienstes für die Menschen werden sich die Legislatur, der Gouverneur, die Staatsbeamten jeder Abteilung und die Richter an den ALOHA-Spirit halten. [L 1986, c 202, 1]

Dieses unermessliche Geschenk der hawaiianischen Ureinwohner an alle Menschen, die auf Hawaii leben, ist ein Aufruf, in jedem Menschen das Göttliche zu erkennen, warmherzig zu handeln und liebevoll und respektvoll mit sich, den Mitmenschen und allen Geschöpfen der Erde umzugehen, um Ordnung und Harmonie der Schöpfung zu bewahren oder wiederherzustellen.

ALOHA hilft uns, den steilen Pfad vom denkenden Verstand in das fühlende, liebende Herz hinunterzuwandern und Vertrauen in die großartige Schöpfung, die uns umgibt und durchdringt, zu entwickeln. Die wichtigste Reise eines Menschen ist die kurze Strecke vom Verstand zum Herzen.

Unser Universum ist ein lebendiges Wesen
und immer in Liebe und Fürsorge für uns da.

Das Gefühl ist immer etwas langsamer und gemächlicher als der Geist. Wenn wir uns ein wenig Zeit nehmen und die Dinge wirken lassen, dann nehmen wir auf eine andere Weise am Leben teil. Wir werden zu einem gegenwärtigen Teil des Lebens, weil wir von innen heraus Anteil nehmen an dem, was uns begegnet.

ALOHA bedeutet, den Alltag etwas zu entschleunigen, bewusst zu atmen, zuzuhören, den Körper zu fühlen, Eindrücke wirken zu lassen, den Blick auf die Gesamtheit zu richten, die richtigen Fragen zu stellen und mit Herz und Verstand Anteil zu nehmen an dem, was gerade ist, und JETZT ein Teil des Lebens zu sein.

HUNA –
das verborgene Wissen

HUNA ist das Verborgene. »HU« steht für Aktivität, Chaos, Bewegung, das männliche Prinzip – »NA« für Zuhören, Heilen, Ordnung, Form, das weibliche Prinzip. »HUNA« steht somit für das versteckte Geheimnis.

»H« steht für »harmony«, »healing« – Harmonie, Heilung.
»U« steht für »using« – verwenden, benutzen, anwenden.
»N« steht für »natural« – natürlich.
»A« steht für »abilities« – Fähigkeiten.

Verwende deine natürlichen Fähigkeiten, um die Harmonie und den Energiefluss herzustellen. Diese sind:

Words (Worte) – Affirmationen, Aussagen
Images (Imagination) – Bilder, Erinnerungen, Fantasien, Visualisierungen
Feelings (Gefühle) – Emotionen, Sinneswahrnehmungen
Movement (Bewegung) – Körperbewegung, Gesten, Gang, Körperhaltung

Max Freedom Long, amerikanischer Sprachforscher (1890–1971), machte die alte HUNA-Lehre Hawaiis erstmalig dem Westen zugänglich. HUNA ist ein heiliges Wissenssystem über die Natur des Universums und verleiht dem Träger dieses Wissens bewusste Mitgestaltungskraft am großen Plan.

Die sieben HUNA-Energiegesetze

Die sieben Energiegesetze können auf jedes Thema angewendet werden. Gesundheit, Erfolg, Spiritualität, Wohlstand …

Im Folgenden findest du ihre verborgene Weisheit in Kurzform.

1. Ike: Bewusstsein – Du erschaffst deine Realität.
Wissen – Unwissenheit
Energiezentrum: die Krone des Kopfes (Fontanelle)
Delfin/Weiß – Sei bewusst!

2. Kala: Freiheit – Alles ist möglich.
Freiheit – Grenzen
Energiezentrum: die linke Schulter
Vogel/Rot – Sei frei!

3. Makia: Konzentration – Energie folgt der Aufmerksamkeit.
Fokus/Konzentration – Zerstreutheit
Energiezentrum: die rechte Schulter
Katze/Orange – Sei konzentriert!

4. Manawa: Hier und Jetzt – Der Augenblick der Kraft ist jetzt.
Präsenz/Ausdauer – Abwesenheit
Energiezentrum: die Mitte des Brustbereichs
Büffel/Gelb – Sei gegenwärtig!

5. ALOHA: Liebe – Liebe ist immer da.
Liebe – Wut
Energiezentrum: die linke Hüfte
Pferd/Grün – Sei liebevoll (besonders zu dir)!

6. Mana: Kraft – Alle Kraft kommt von innen.
Macht/Kraft – Zweifel
Energiezentrum: die rechte Hüfte
Wal/Blau – Sei sicher!

7. Pono: Flexibilität – Was wirkt, ist wahr. Wer heilt, hat recht.
Kreativität/Flexibilität – Starrheit
Energiezentrum: Genitalien/Perineum, die Basis der Wirbelsäule
Wolf/Violett – Sei kreativ und flexibel!

Das Selbst im Menschen in seiner dreifaltigen Gestalt

Kane kennt die Lebensbestimmung.
Lono entscheidet, wo es langgeht.
Ku führt aus und speichert die Erfahrungen.

Die Verbundenheit und die Ausgewogenheit der dreifaltigen Gestalt in uns bilden den Schlüssel zur Identität. Es ist wichtig, dass die innere Familie im Einklang ist, dass es in uns selbst Einheit gibt, damit diese dann in Resonanz mit der Göttlichkeit schwingt und uns führt.

1. Kane (Aumakua): Göttliches Selbst/Ahnen (Überbewusstsein/Vater)

Kane/Aumakua, das Göttliche Selbst, stellt die Verbindung mit den Licht- und jenseitigen Reichen und ihren unterschiedlichen Kräften dar. Es ist die Verbindung mit der göttlichen Ebene, der zweiten Natur des Menschen. Wir können ***Kane*** im Herzen um Beistand und Inspiration bitten.

2. Lono (Uhane): Äußeres oder Mittleres Selbst (Bewusstsein/Mutter)

Lono, das Äußere oder Mittlere Selbst, ist der Sitz des Wachbewusstseins und des Verstandes. Es lenkt willentlich die Richtung des Denkens und Handelns eines Menschen. Es trifft Entscheidungen. Wir können ***Lono,*** unser Bewusstsein, um Wachheit und Gegenwärtigkeit bitten.

3. Ku (Unihipili): Inneres oder Unteres Selbst (Unterbewusstsein/Kind)

Ku ist das Innere oder Untere Selbst, das eigentliche Selbst. Es verwaltet das Erlebte und die Erinnerungen des Menschen. Es kontrolliert die Funktionen des menschlichen Körpers, steuert die Emotionen und ist mit dem kollektiven Unterbewusstsein allen Lebens verbunden. Es speichert nicht nur Erinnerungen und Erfahrungen aus diesem Leben, sondern alle seelischen Erfahrungen über Raum und Zeit. Wir können ***Ku*** darum bitten, aus unserer Mitte zu wirken und für die richtige Handlung zu sorgen.

Übung: Bitte Kane um Beistand und Inspiration

Die folgenden drei Übungen bringen deine innere Familie in Einklang.

Alles hat ein höchstes Wesen. Es ist die Quelle der Kraft, der ewigen Energie und der Kreativität. Das Hohe Selbst beobachtet. Es ist. Du kannst dich ihm jederzeit öffnen und diese unbegrenzte ewige Energie verstärkt in dein Leben senden. Nimm dir jeden Tag etwas Zeit, um dich mit dieser Quelle zu verbinden und dich ihr zu öffnen. Sie spricht in der Stille zu dir. Frieden, Liebe, Heiterkeit, Freude und Gelassenheit sind Zeichen dafür, dass du mit dieser Ebene verbunden bist. Sie ist immer da. Wir sind es, die sich dieser Ebene ganz bewusst öffnen können. Dein Wunschgebet an dein Hohes Selbst und die göttlichen Mächte lautet folgendermaßen:

»Göttlicher Schöpfer allen Seins, göttliches Hohes Selbst, Ich rufe dich und bitte dich: ...«

Sprich nun deinen Gebets-Wunsch, deinen Heilungs-Wunsch-Gebet usw. Wichtig ist dabei, dass du dir vorher über deine Wünsche völlig klar geworden bist, d. h., du musst deine Wünsche, dein Heilungs-Wunsch usw. als vollendetes Bild sehen! Sprich dein Gebet dreimal.

Übung: Lono: Was sagt dein Herz?

Lono entscheidet, wofür wir unsere Lebenskraft einsetzen, für welchen Weg wir uns bewusst entscheiden und was im Hier und Jetzt zu tun ist, damit wir das gewünschte Ziel erreichen.

Im inneren Garten ist es die Gärtnerin, die den Garten bewusst gestaltet und umgestaltet, damit die Ernte gut und reichlich ausfällt. Sie ist die handelnde, die ausführende Instanz, die uns eingibt, wie wir unsere natürlichen Fähigkeiten nutzen können. Achte in jedem Moment auf die richtige Handlung.

Lege deine Hand auf dein Herz. Frage dich: »Was sagt mein Herz zu dieser Situation? Was ist die richtige Handlung für diesen Moment?«

Warte in der Stille. Die Antwort kann wortlos, als plötzliche Eingebung, als Impuls, als Gefühl … erscheinen. Gehe erst in Aktion, wenn du fühlst, was du tust.

Übung: Ku: Was sagt dein Körper?

Ku, das Untere Selbst, weiß alles, kennt alles und steuert unseren Körper. Es ist wichtig, dass wir die Körpersignale beachten. *Ku* ist der Speicher all unserer Erfahrungen und Erinnerungen. Es ist wichtig, mit *Ku* in einen guten Kontakt zu treten und mit ihm zusammenzuarbeiten.

Verbinde dich täglich mit deinem Unteren Selbst. Höre auf die Signale deines Körpers, und lausche seinen Botschaften. Sorge für einen guten Energiefluss zu dir selbst. Lege deine Hände auf deinen Nabel. Fühle in deinen Bauch hinein; wenn du magst, kannst du im Uhrzeigersinn kreisende Bewegungen auf deinem Bauch machen. Rede mit deinem *Ku* über Dinge, die dich bewegen. Sage ihm, dass du es liebst, achtest, segnest und ehrst:

»Mein liebes Ku … (Name), ich möchte eng mit dir zusammenarbeiten, auf dich hören und mit dir zusammen für unser Glück, unsere Heilung, unsere Liebe … wirken. Lasse die Liebe zwischen uns fließen. Gib mir verstärkt Zeichen, Impulse, und lasse uns mit Kane, dem Hohen Selbst, und Lono, dem Mittleren Selbst, in einen guten Kontakt treten. Lasse uns eine liebevolle Dreiheit bilden.«

Stelle dir dabei vor, wie sich die drei Instanzen in dir auf harmonische Weise verbinden. Bitte dein *Ku* um die Erlaubnis, es jetzt von belastenden Erinnerungen, Mustern und Glaubenssätzen zu reinigen und zu klären, sodass die Liebe aus dem Universum einströmen kann.

Notiere dir im Folgenden deine Gefühle nach diesen Übungen – was hat sich verändert?

Das Auge des Kanaloa

Das Symbol »Auge des Kanaloa« fasst das alte HUNA-Wissen zusammen. Es harmonisiert die Energie, schenkt Ruhe, Gesundheit, Glück und Freude. In der Mitte ist das Sonnenzentrum: ICH BIN. Die vier Kreise symbolisieren die vier Welten:

Ike Papakahi – objektive Welt (alles ist getrennt),
Ike Papalua – subjektive Welt (alles ist miteinander verbunden),
Ike Papakolu – symbolische Welt (alles steht für etwas anderes),
Ike Papaha – ganzheitliche Welt (alles ist eins).

Meditiere mit dem Symbol. Es wird dir Kraft, Zentriertheit und Energie schenken.

Du bist verbunden mit allem Sein.
Glück und Freude verstärken sich.
Das Gute fließt reichlich.

Hawaiianische Göttinnen der sieben Richtungen und Prinzipien

Jede hawaiianische Göttin kann alle sieben Prinzipien auf ihre spezielle Weise in ihrem Bereich lehren und anwenden. Eine Göttin kann die gesamte Weisheit im Universum lenken, leiten und lehren. Die Göttinnen sind verbunden mit den sieben Elementen.

Göttin des Wassers: ***Hina – Ike,*** Weiß, Bewusstsein (Weisheit)
Göttin der Erde: ***Haumea – Kala,*** Rot, Freiheit (Erlösung)
Göttin des Feuers: ***Pele – Makia,*** Orange, Konzentration (Energie)
Göttin der Luft: ***Hi'iaka – Manawa,*** Gelb, Gegenwärtigkeit (Absicht)
Göttin der Liebe, der Pflanzen und des Hula: ***Laka*** – ALOHA, Grün (Mitgefühl)
Göttin der Tiere: ***Kapo – Mana,*** Blau, Kraft (Fähigkeit)
Göttin der Menschen: ***Uli – Pono,*** Violett, Erfolg (Effektivität, Flexibilität)

ALOHA bedeutet: Energie fließen lassen, loslassen und vertrauen.

Hina – Göttin des Wassers

Alles fließt, steigt auf und kehrt zurück.
Die Göttin *Hina* ist im gesamten Pazifikraum bekannt. Alle Inseln sind umspült und durchdrungen von ihrer Gegenwart. Sie repräsentiert die weibliche Energie und wird mit dem Ozean, dem Mond und der in allem vorhandenen Heilkraft in Verbindung gebracht. Sie hat viele Aspekte und Fähigkeiten und kann in allen Formen des Wassers und der fließenden Lebensenergie erscheinen. Sie bringt blockierte oder eingeschlossene Energie durch ihr Wiegen wieder in Bewegung. Viele Heilweisen werden von ihr gesandt. Sehr bekannte Attribute sind der Delfin, die Koralle, die Perle sowie

ein spezielles Behältnis und ein Instrument, die aus dem Flaschenkürbis hergestellt werden.

ALOHA bedeutet: Du bist einmalig und einzigartig.

Haumea – Göttin der Erde

Überfluss, Einzigartigkeit, Manifestation, Lösung

Haumea ist die große Muttergöttin. Sie ist eine sehr alte Göttin, die die Weisheit der Erde in sich trägt. Sie hat die Kinder der Erde aus verschiedenen Körperteilen geboren. Mit ihr setzt man sich in allen Angelegenheiten von Geburt, Leben, Tod und Wiedergeburt und dem alten Wissen der Erde in Verbindung. Der Göttin zugeordnet sind der Brotfruchtbaum und das Element Stein. Ihre Knochen sind die Steine der Erde. Diese werden für Orakeltechniken verwendet. ***Haumea*** gibt dir über die Steine Antworten und Wegweiser. Beachte die Steine. Du kannst dich in allen Angelegenheiten der Erde an ***Haumea*** wenden.

ALOHA bedeutet: Lebe frei, und sei brillant. Lasse dein Licht strahlen. Alle Kraft und Herrlichkeit sind bereits in dir.

Pele – Göttin des Feuers

Lerne, das Feuer zu lenken und zu leiten.

Pele zählt zu den bekanntesten Göttinnen in Hawaii. Sie ist aus Tahiti auf die hawaiianischen Inseln gekommen und hat in dem Vulkan Kilauea auf Big Island ihren Sitz. ***Pele*** ist die Lava, der Blitz und die Kraft des Feuers. Der Name »***Pele***« bedeutet »geschmolzene Lava«. Sie kann in allen Angelegenheiten der feurigen Energie angerufen werden. Mit ihr können wir lernen, unser Feuer in seinen verschiedenen Zuständen zu lenken und zu leiten und damit in unserem Sein anzukommen.

ALOHA bedeutet: Lausche auf den Ton der Liebe.

Hi'laka – Göttin der Luft

Höre auf den Wind, die Luft und die Wolken.
Hi'iaka, die Lieblingsschwester von ***Pele,*** ist die Göttin des Windes oder der Luft. Sie ist die göttliche Botschafterin und erscheint in Form der Wolken, die über den Himmel ziehen, bzw. des Windes, der die Wolken halten und über den Himmel tragen kann. Sie hat viele Reisen unternommen und trägt die Botschaften der Weisheit über weite Entfernungen.

Eines ihrer Attribute ist der ***Pala'a,*** der Spitzfarn. Da sie schon sehr lange über die Erde reist und viel gesehen hat, repräsentiert sie die Weisheit, altes Wissen sowie das Element Luft. Lausche dem Wind. ***Hi'iaka*** trägt dir alles zu.

ALOHA bedeutet: sich in Liebe dem Leben öffnen.

Laka – Göttin der Pflanzen

Liebe, Fruchtbarkeit, Reichtum, Fülle
Laka ist die Göttin der Liebe, Fruchtbarkeit und des Reichtums. Sie ist die hauptsächliche Göttin des ***Hula*** und repräsentiert das Element Pflanze. Sie lehrt das Sich-Öffnen für die Fülle und den Reichtum, die die Natur in unendlichen Variationen hervorbringt. Lebensfreude, Fruchtbarkeit – der Kelch der Fülle sitzt im Beckenbereich, im Herzen und im Geist. Öffne dich für die Fülle, die dich umgibt und durchdringt. Lasse die Lebensfreude durch dein Sein kreisen und tanzen. Du bist Liebe, alles ist vorhanden. Danke.

ALOHA bedeutet:
Die Liebe hat viele
Formen.

Kapo – Göttin der Tiere

Kraft, Fähigkeiten, Energie

Kapo ist die Göttin der Tiere. Sie ist eine alte, weise Zauberin, die uns in die Kraft der Tiere einführt. Tiere können uns ihre Fähigkeiten und Kräfte übertragen. Wir können viel von ihnen lernen. ***Kapo*** kann alle Erscheinungsformen annehmen, weil sie eine Formwandlerin ist. Sie wird meistens mit Aalen, Vögeln und dem Halapepe-Baum in Verbindung gebracht. Sie hilft uns, besondere Fähigkeiten zu entwickeln und zu schulen.

ALOHA bedeutet: aus der Fülle schöpfen.

Uli – Göttin der Menschen

Ich habe einen Körper, aber ich bin nicht mein Köper.
Wer bin ich? Ich bin das Ich-Bin.

Der menschliche Anteil in dir ***(Uli)*** ist ein Teil deines Seins, aber nicht dein ganzes Sein. Durch unseren menschlichen Teil haben wir die Fähigkeiten, Wissen abzurufen, uns zu erinnern und zu reflektieren. ***Uli*** hilft uns dabei, verlorene Puzzleteile des Lebens zu finden, Drehbuchszenen unseres Lebensfilms zu entschlüsseln und neu zu schreiben. Die Göttin ***Uli*** ist eine Göttin der Magie, der Zauberei und der Lebensgestaltung.

»Uli« bedeutet »Dunkelheit«, »Omen«. Sie ist das formlose Eine, aus dem alles entstehen kann. Sie erscheint in Hawaii häufig in der Form des Tropikvogels und des Regenpfeifers. Sie hilft uns, unsere Schöpfer- und Gestaltkraft zu entwickeln.

ALOHA bedeutet: Gott, Göttin, Kind in allem ehren.

Akua – Gott oder Göttin

Schöpferkraft in allen Dingen

Akua sind Wesen, die sehr viel ***Mana*** haben und große Kräfte und Energien aufbauen, tragen, lenken und leiten können. Sie haben viel Einfluss auf die Lebensenergie und die Lebenskraft. Sie sind eigenständige Wesenheiten, die aus sich heraus wirken und sehr große Kraftfelder aufbauen können. Die hawaiianischen Götter und Göttinnen können nach Belieben unterschiedliche Gestalten und Formen annehmen, sich verschieben, manifestieren und auflösen. Sie können sich in Form von Elementen, Pflanzen, Tieren und Mineralien offenbaren. Man setzt sich mit ihnen auf der inneren Ebene in Verbindung, um von ihnen zu lernen, sich von ihnen anleiten zu lassen, um über sich hinauszuwachsen und mehr ***Mana*** aufzubauen. Man ehrt und preist sie, um mit ihnen zusammen am großen Plan der Schöpfung zu wirken.

Es gibt mehr als viertausend Götter auf Hawaii. Doch auch Geister, Kobolde, Ahnenwesen, Feen und Ähnliches sind dort bekannt. Sie können auf der inneren Ebene zu unseren Geistführern werden. Sie wählen uns und nicht wir sie.

Kamapua'a: Schöpfergott
Kanaloa: Schöpfergott, der auch die Weisheit der verstorbenen Seelen hütet
Kane: Gott des Lichtes und des Waldes, Vater der lebenden Kreaturen. Er wird in Verbindung gebracht mit Licht, Sonne, frischem Wasser und dem Wald.
Kuula: Gott der Fischer. Er führt die Fischer in den Strömungen der Meere und gibt ihnen ein, wo sie einen guten Fang machen dürfen.
Lono: Gott des Wachstums, der wachsenden Dinge, des Regens, der Ernte, des Friedens und der Bewegung in Form von Sport
Lohiau: Prinz von Kaua
Milu: Gott der Unterwelt
Maui: Der Trickster, der Mensch, der das alte Wissen von den Göttern stahl und es den Menschen brachte.

Die Wochentage

Die Bedeutung der Wochentage aus geistiger Sicht

Die Babylonier benannten die Wochentage nach den sieben Wandelsternen (Sonne, Mond, Mars, Merkur, Jupiter, Venus, Saturn), die sie als Götter ansahen, und so besteht die Woche aus sieben Tagen. Sowohl die Griechen als auch die Römer behielten dies bei. Im 4. Jahrhundert bekamen die Tage schließlich germanische Namen, und im deutschsprachigen Raum ist dies bis auf den Mittwoch und den Samstag noch heute so.

Jeder Wochentag hat eine ganz besondere Qualität und Sternenenergie, durch die bestimmte Aktivitäten günstig beeinflusst werden. Hinzu kommt der Stand des Mondes; er kann voll, abnehmend, neu oder zunehmend sein, und auch diese verschiedenen Phasen haben verschiedene Bedeutungen:

abnehmender Mond – Wendung nach innen
zunehmender Mond – Handlungen im Außen
Vollmond und Neumond – Wendepunkte, an denen die Energie von einem in einen anderen Zustand wechselt
Vollmond – Höhepunkt der aufgebauten Energie
Neumond – Tiefpunkt der abgebauten Energie

Ein Energie- oder Musterwechsel benötigt 28 Tage, also einen Mondzyklus. In dieser Zeit wird alte Energie abgebaut und neue aufgebaut und stabilisiert, damit sie sich im Leben verwirklichen kann. Es ist günstig, neue Glaubenssätze, Ziele und Wünsche mindestens 28 Tage lang täglich durch Meditation, Konzentration, Affirmationen und Ähnliches aufrechtzuerhalten.

Wusstest du schon, dass in Deutschland der Sonntag lange Zeit der erste Wochentag war? Erst seit 1978 ist auf Beschluss der UNO der Montag international der erste Tag der Woche, und der Sonntag bildet zusammen mit dem Samstag das Wochenende. Die Tage von Montag bis Samstag gelten als Werktage, und der Sonntag gilt als gesetzlich geschützter wöchentlicher Feiertag.

Wir durchlaufen jede Woche den Regenbogen des Lichts. Jeder Tag ist einem Wandelstern, einem Erzengel, einer Farbe und einer Qualität gewidmet.

Die korrekte Aussprache der hawaiianischen Monatsnamen und Wochentage

Montag – ***Po'akahi*** – »poh ah-kah-hee«
Dienstag – ***Po'alua*** – »poh ah-loo-ah«
Mittwoch – ***Po'akolu*** – »poh ah-ko-loo«
Donnerstag – ***Po'aha*** – »poh ah-ha«
Freitag – ***Po'alima*** – »poh ah-lee-mah«
Samstag – ***Po'aono*** – »poh ah-o-no«
Sonntag – ***Lapule*** – »lay-poo-lay«
Januar – ***'Iaunuali*** – »ee-ya-oo-new-ahlee«
Februar – ***Pepeluali*** – »pay-pay-loo-ahlee«
März – ***Malaki*** – »ma-la-key«
April – ***'Apelila*** – »ah-pe-lee-la«
Mai – ***Mei*** – »may-ee«
Juni – ***Iune*** – »ee-oo-ney«
Juli – ***Iulai*** – »ee-oo-la-ee«
August – ***'Aukake*** – »ah-oo-ka-key«
September – ***Kepakemapa*** – »key-pa-key-ma-pa«
Oktober – ***'Okakopa*** – »oh-ka-ko-pa«
November – ***Nowemapa*** – »vo-vay-ma-pa«
Dezember – ***Kekemapa*** – »key-key-ma-pa«

Aloha bedeutet:
sich auf den Gesang des Universums einstimmen.

MONTAG – Po'akahi: Intuitives Erfühlen

Vertraue deiner Intuition und deinen Eingebungen.
Der höchste Wille durch mich, so soll es sein.

Montag ist der Tag des Mondes. ***Hina,*** die Mondgöttin, sendet dir Eingebungen für die Woche. Der Montag ist der intuitiven Seite im Menschen gewidmet. Jeder Montag ist ein Neuanfang. Überdenke Dinge neu, und richte dich für die Woche aus. Lenke deinen Blick nach vorn!

Ike: Du erschaffst deine Realität.
Farbe: Weiß
Element: Wasser
Tier: Delfin
Göttin: ***Hina*** – Mondgöttin, Intuition, die Nährende
Wirkende Kraft: Unwissenheit – Bewusstsein
Qualität: die Woche neu erschaffen

Am Montag fängt die Woche an. Es ist ein guter Zeitpunkt, sich auf die Woche einzustimmen, sie intuitiv zu erfühlen, zu planen und zu segnen, damit sie möglichst harmonisch verlaufen kann. Es ist ein günstiger Zeitpunkt der Zusammenkunft (Meetings, Teamsitzungen, ...), um sich gemeinsam auf die Woche einzustimmen und die Aufmerksamkeit auf die Ziele dieser Woche zu legen. Segne die Woche!

Montagsübung

Nimm dir einen Augenblick Zeit. Überlege dir, was diese Woche ansteht, was erledigt werden möchte, und schreibe es auf. Was möchtest du in dieser Woche für dich erreichen?

Zünde anschließend eine Kerze für die ganze vor dir liegende Woche an. Schließe deine Augen, und atme ein und aus. Fühle die einströmende Energie und wie sie sich beim Ausatmen in deinem Energiefeld verteilt. Bitte nun die höchste Ebene um den Segen, um die ***Mana-Loa***-Energie.

Atme tief ein. Stelle dir vor, wie du Licht einatmest. Mit dem Ausatmen sendest du das Segenslicht in den Montag. Vielleicht nimmt es eine bestimmte Farbe, einen Klang, Formen oder eine Energiebewegung an. Vielleicht kommt dir noch ein Gedanke, ein Bild ... zum Montag in den Sinn. Verbinde alles für die Woche miteinander.

Nun atme wieder Segenslicht ein. Mit dem Ausatmen sendest du das Segenslicht in den Dienstag. Vielleicht nimmt es eine bestimmte Farbe, einen Klang, Formen oder eine Energiebewegung an. Vielleicht kommt dir ein Gedanke, ein Bild ... zum Dienstag in den Sinn. Lasse den Strom der Energie harmonisch durch den Dienstag fließen.

Atme Segenslicht ein. Sende es nun in den Mittwoch ... Sieh, wie die Energie sich nun kraftvoll ausrichtet. Fahre so fort, bis du beim kommenden Montag angelangt bist. Bitte deine Spirits, dich zu führen, und erlaube ihnen, dich zu leiten. Halte das Bild deines Ziels für diese Woche einige Minuten fest, und lasse es dann los.

Aloha bedeutet: der inneren Stimme folgen und aus dem Herzen handeln.

DIENSTAG – Po'alua: Führen bedeutet Dienen

Fackle nicht, handle – deine Taten haben Kraft und zählen mehr als Worte.

Dienstag ist der Tag des Dienens. Er ist dem Krieger Mars und der Vulkangöttin ***Pele*** gewidmet. Es ist der Tag, an dem wir unserer inneren Führung, unseren Eingebungen und den inneren Anweisungen der geistigen Führung folgen. Bitte die guten Kräfte, dich zu führen. Konzentriere dich auf das, was du willst, und handle dann dementsprechend.

Makia: Energie folgt der Aufmerksamkeit.
Farbe: Orange
Element: Feuer
Tier: Katze
Göttin: ***Pele*** – die Lenkerin
Wirkende Kraft: Verwirrung – Konzentration
Qualität: Aktion

Dienstag ist ein Schaffenstag. Ein guter Tag, um seine Kraft und Energie zielstrebig und tatkräftig für eine gute Sache einzusetzen. Gehe an, führe aus, bringe zu Ende. Du hast die Kraft.

Dienstagsübung

Makia – Energie folgt der Aufmerksamkeit, Aufmerksamkeit folgt der Energie. Wohin fließt deine Energie? Wo bist du mit deiner Aufmerksamkeit? Richte dich aus, und fokussiere.

Dienstag ist der Tag der Handlung. Handle, erledige, wandle! Führe aus, was zu tun ist. Steuere und lenke die Energien. Mache klare Ansagen, die in Übereinstimmung mit deiner inneren Wahrheit sind. Was wirst du heute tun? Lege eine Hand auf dein Herz. Fühle deinen Herzschlag, und frage dich: »Was ist heute wirklich wichtig, für mich persönlich und für andere, für das Gesamte?« Schreibe alles auf, was dir einfällt. Wenn du es wichtig findest, dich mehr auszuruhen oder eine Pause zu machen, dann überlege, wie du das einrichten kannst. Wenn du es wichtig findest, eine bestimmte Person zu besuchen oder jemandem zu schreiben, so tue das. Es ist nicht wichtig, zu funktionieren, es ist wichtig, zu leben. Höre den lebendigen Puls, und beziehe alles in dein Leben ein, was dazugehört! Besonders deine eigene innere Stimme. Notiere hier deine Vorhaben:

Aloha bedeutet: angeschlossen sein.

MITTWOCH – Po'akolu: Zentrieren, neu ausrichten

Begib dich in dein Zentrum.
Verbinde dich mit Himmel und Erde, lausche,
was der Götterbote Merkur dir zu sagen hat.

Mittwoch ist die Wochenmitte. Sie ist dem Götterboten Merkur und der Göttin ***Kapo*** geweiht. Es ist ein guter Tag, Botschaften aus den lichten Welten zu empfangen und sich neu auszubalancieren. »Ich bin und bleibe in meiner Mitte. Von dort aus kann ich alles lenken und leiten. Ich vertraue.«

Mana: Alle Kraft kommt von innen.
Farbe: Blau
Element: Tier
Tier: Wal
Göttin: ***Kapo*** – die Beschützerin
Wirkende Kraft: Angst – Vertrauen
Qualität: Mitte, neu ausloten

Dies ist ein guter Zeitpunkt, um zu kommunizieren, Dinge zu klären, zu überdenken, neue Impulse zu empfangen und Angelegenheiten neu auszuloten. Vergiss den Humor nicht, und lache auch mal über dich selbst.

Mittwochsübung

Mana – Alle Kraft kommt von innen. Nimm dir heute etwas Zeit für dich. Konzentriere dich zuerst auf deine Atmung, und fühle, wie du immer mehr bei dir selbst ankommst.

Bewege dich nun in deiner Vorstellung vom Verstand in den Raum deines Herzens. Betritt deinen inneren Herzensraum, deinen inneren Garten. Gehe auf sein Zentrum zu und damit ganz in deine Mitte. Fühle, wie alles von dir abfällt und wie du dich in deine wahre Größe ausdehnst. Dehne dich nach vorn, nach hinten, zur Seite, nach unten und nach oben aus. Genieße dein Sein. Nun bitte die höchsten Ebenen, alles neu auszurichten.

Deine geistige Führung erscheint, und du kannst mit ihr sprechen. Vielleicht bekommst du eine Botschaft. Fühle anschließend, wie aus den höchsten Ebenen strahlend weißes Licht in alles hineinfließt, womit du sichtbar und im Verborgenen verbunden bist. Dinge, die nicht so gut gelaufen sind und die du dir wie schwarze Wolken oder Flecke vorstellen kannst, werden gewaschen und gereinigt – sie beginnen zu fließen und werden frei. Stelle dir das so intensiv wie möglich vor. Dein Energiefeld und alles, womit du sichtbar und im Verborgenen verbunden bist, wird rein, klar, funkelnd, strahlend und leuchtend hell. Genieße den Energiefluss. Genieße den Wasserfall des Lichtes. Wisse, es ist getan, und kehre zurück in den gegenwärtigen Moment.

Notiere dir hier deine Empfindungen – fühlst du dich freier, stärker ...?

....

....

....

....

Aloha bedeutet: Angelegenheiten bereinigen.

DONNERSTAG – Po'aha: Klären und Bereinigen

Mit Blitz und Donnerschlägen tat er seinen Willen kund,
bei Jupiter, wir werden siegen!

Der fünfte Wochentag ist Jupiter und der Göttin ***Hi'iaka*** geweiht. Sein Name stammt von der germanischen Gottheit Donar (Thor) ab. Es ist ein Tag des Risikos und des Einsatzes. Setze dich heute aktiv für das ein, was dir wichtig ist und was geklärt werden sollte.

Manawa: Der Augenblick der Kraft ist jetzt.
Farbe: Gelb
Element: Wind
Tier: Büffel
Göttin: ***Hi'iaka*** – die Botin, Göttin der heilsamen Handlungen
Wirkende Kraft: Ablenkung – Ausdauer
Qualität: Mut haben, Dinge wagen, Einsatz, Gewinne

Donnerstag ist ein guter Tag, um klar und deutlich zu handeln. Lasse jeglichen Zweifel los. Nutze deine Kraft, folge deiner Kraft, und setze deine Kraft ein, sonst wird sie sich gegen dich richten. Habe keine Angst vor deiner Größe, vor deiner Stärke und vor deiner Wahrnehmung. Folge der Kraft in dir. Führe jetzt heilsame, klärende Handlungen aus.

Donnerstagsübung

Manawa – Der Augenblick der Kraft ist jetzt. Donnerstag ist ein Tag des Einsatzes, der Bereinigung und der Visionen, an dem man den Mut haben soll, neue Dinge zu wagen, neue Wege zu gehen. Es ist ein guter Tag, um Dinge klarzustellen und neue Ideen auf den Weg zu bringen. Tue heute etwas, was du noch nie vorher getan hast. Besuche einen Ort, den du noch nicht kennst. Öffne dich für Neues! Damit erlaubst du, dass neue Ideen und neue Energie in dich einströmen.

Was wolltest du schon lange machen?

Nimm dir heute Zeit, deiner Vision vom Leben Aufmerksamkeit zu schenken und sie mit Energie aufzuladen.

HAIPULE
Erschaffe deine Wirklichkeit!

HA – Atme tief. Erinnere dich an deinen Traum, an deine ursprüngliche Vision, an das, was du eigentlich möchtest. Fokussiere es. Verbinde dich mit positiven Emotionen.

I – Sprich oder singe positive Affirmationen. Erschaffe kraftvolle positive Emotionen.

PU – Nimm deine Sinne – Schmecken, Fühlen, Riechen, Berühren, Sehen, Hören – mit hinzu, und stelle dir all die Vorzüge, die Freude und Liebe dieser Veränderung so lebhaft wie möglich vor. Nimm dir mehrmals am Tag genau dafür Zeit.

LE – Handle, vollbringe Taten. Unternimm so häufig wie möglich etwas im Außen, was deinen Traum verstärkt. Folge den Impulsen aus deinem Inneren. Du kannst Orte aufsuchen, die deinen Traum verstärken, Menschen treffen, die dich bestärken, Symbole herstellen, Bilder malen. Bleibe im Vertrauen.

Aloha bedeutet: lieben.

FREITAG – Po'alima: Sich der Liebe öffnen

Venus öffnet das Herz für die Liebe, Hingabe und das Vertrauen in das Leben. Sie nimmt dich in die Arme.

Der sechste Tag ist der Venus und der Göttin ***Laka*** geweiht. Die Venus ist gleichgesetzt mit der germanischen Göttin Freya, woraus sich der Name Freitag ableitet. Folge heute den Bedürfnissen deines Herzens. Wohin zieht dich dein Herz? Schaue, was dein Herz zum Singen bringt.

ALOHA: Liebe ist.
Farbe: Grün, Rosa
Element: Pflanzen, Blumen
Tier: Pferd, Einhorn
Göttin: ***Laka*** – Göttin der Liebe
Wirkende Kraft: Wut – Liebe
Qualität: Wärme, Geborgenheit, Herzöffnung, Liebe, Zärtlichkeit, Mitgefühl

Kümmere dich um die Angelegenheiten des Herzens. Wer oder was ist in deinem Leben wirklich wichtig? Mit wem oder was möchtest du Zeit verbringen? Bei wem möchtest du dich melden? Welchen Ruf hast du im Herzen? Mit wem möchtest du dich mal wieder treffen? Was kannst du anerkennen, loben, feiern (auch bei dir selbst)?

....

....

....

....

Freitagsübung

ALOHA – Liebe ist. Freitag ist der Tag der Venus. Verschenke deine Liebe! Liebe dich selbst, und kümmere dich um die Angelegenheiten deines Herzens! Gib freizügig! Liebe vermehrt sich, wenn wir sie teilen. Sage anderen ehrlich und aufrichtig, was du an ihnen schätzt. Verbringe heute Zeit mit deinen Lieben. Genieße das Zusammensein mit anderen. Frage dich heute: »Was teile ich mit dem anderen?« Oft schauen wir eher auf das, was uns vom anderen trennt.

Nimm dich zuerst selbst in die Arme. Wiege dich hin und her. Fühle die Liebe, die du bist, und lobe dich selbst fünf bis zehn Minuten lang für alles, was du in dieser Woche getan und als gut empfunden hast. Erkenne dich selbst an. Sieh die Fügungen, Führungen und Segnungen der Liebe in der vergangenen Woche, und danke dafür, dass dein Selbst, dein wahres Wesen, dich so gut durch diese Woche geführt hat. Auf diese Weise gibst du deinem inneren Licht die Kraft, stärker zu leuchten.

Sprich mit deinem Unteren Selbst ***(Ku)***, indem du deine Hand über deinem Bauch kreisen lässt und dich bei ihm für die Lenkung und die Kraft, die es dir hat zuteil werden lassen, bedankst. Sage ihm, dass du noch mehr mit ihm zusammenwirken willst und dass es dich kraftvoll mit dem Oberen ***(Kane)*** und dem Mittleren Selbst ***(Lono)*** verbinden darf. Erlaube deiner inneren Führung, stärker zu wirken, und sage ihr, dass du ihr voll und ganz vertraust.

Wenn du dich selbst anerkennen und wertschätzen kannst, fällt es dir leicht, Anerkennung und Wertschätzung auch an deinen Nächsten weiterzugeben.

Schaue, wem du heute ein ehrliches Kompliment machen möchtest und wen du mal wieder treffen willst. Folge der Liebe.

Aloha bedeutet: Zeit haben.

SAMSTAG – Po'aono: Einkehr am Abend

Saturn, der strenge Meister, sagt: »Erst die Arbeit beenden, dann den Abend feiern.« Hinwendung von der Schaffenskraft in die geistigen Bereiche.

Der Samstag gilt als Tag des Saturns und wird auch als Sonnabend bezeichnet, denn am Abend dieses Tages beginnt schon, nach getaner Arbeit, die Erholung des Sonntags. Nimm dir am Abend Zeit, die Woche zu reflektieren und dich und andere anzuerkennen und für das, was erreicht wurde, zu loben.

Pono: Was wirkt, ist wahr. Wer heilt, hat recht.
Farbe: Lila
Element: Mensch
Tier: Wolf
Göttin: ***Uli*** – Göttin der Wandlung
Wirkende Kraft: Zweifel – Flexibilität
Qualität: Reinigen, Bereinigen, Aufräumen, Beenden

Samstag ist der Tag, an dem von morgens bis mittags die Vorbereitungen für das Wochenende laufen. Es wird aufgeräumt, eingekauft, gefegt, gekocht, alles in Ordnung gebracht – und abends kehrt man dann ein. Man geht Tätigkeiten nach, bei denen man sich entspannen kann und Ruhe findet. Danke dem Licht in dir für die Führungen und Segnungen dieser Woche.

Ho'oponopono –
Vergib, bevor die Sonne untergeht!

Samstagsübung

Pono: Was wirkt, ist wahr. Wer heilt, hat recht. Schaue auf die Woche zurück. Betrachte sie. Gab es ungute Situationen? Dinge, die nicht so gut gelaufen sind? Nimm dir nun Zeit, diese Situationen in dir zu erlösen.

1. Vergegenwärtige dir eine ungute Situation dieser Woche.

2. Frage dich: »Wenn ich Schöpferin/Schöpfer meines Lebens bin, warum habe ich mir diese Situation erschaffen?«

3. Spüre, wo du in deinem Körper die Situation fühlst. Lege deine Hand auf diese Stelle. Nun spüre, was in dir mit dieser Situation in Resonanz gegangen ist.

4. Lasse dieses Gefühl aufsteigen, und frage dich, woher du dieses Gefühl kennst.

5. Danke diesem Gefühl dafür, dass es sich so deutlich zeigt: »Danke, dass du dich mir zeigst. Danke, dass du da bist.«

6. Dann vergib: »Es tut mir leid, dass du so empfindest. Es tut mir leid.« Vielleicht kannst du etwas auf der inneren Ebene tun, um Heilung zu bewirken, zu segnen, das Gefühl zu befreien. »Bitte vergib mir.« Schaue, was nötig ist, damit Vergebung geschehen kann. »Ich liebe dich.« Gib alles zurück in die Liebe. Du kannst dir vorstellen, wie du diese Situation in die Hände eines Engels gibst. »Danke.« Wisse, es ist getan. Du bist Gottes Licht in Tätigkeit.

Aloha bedeutet:
das Licht in sich hineinlassen.

SONNTAG – Lapule: Tag des Lichts

Die Sonne ist die Trägerin von Licht, Wärme und Helligkeit. Außerdem ist sie die Übermittlerin von universeller Lebensenergie, Prana, Segensströmen und Segensausschüttungen, sowie höherem Wissen und Weisheit.

Der Sonntag galt lange als erster Tag der Woche. Er ist der Sonne gewidmet und der Verbindung mit dem Göttlichen, dem Funken in unserem Herzen, der Inwendung. Er ist aber auch der Tag der Erdgöttin ***Haumea,*** die für Reichtum und Fülle in uns und um uns herum steht.

Kala: Alles ist möglich.
Farbe: Rot
Element: Stein
Tier: Vogel, Adler
Göttin: ***Haumea*** – Göttin des Wohlstands und der Segnungen
Wirkende Kraft: Begrenzung – Freiheit
Qualität: Verbindung mit dem großen Geist

Dies ist ein guter Tag, um sich dem Göttlichen zu öffnen und seine Führung zu spüren, zu wertschätzen, sie zu lobpreisen oder sich ihr einfach hinzugeben. Es ist ein guter Zeitpunkt, um zu meditieren, zu beten, sich auszuruhen, sich in die Stille zu begeben, in spirituellen Büchern zu lesen und über den Text nachzusinnen, sich mit Freunden oder Verwandten zu treffen, die Woche zu reflektieren und für all die guten Gaben zu danken, die wir empfangen haben.

Sonntagsübung

Kala – Alles ist möglich. Sonntag ist der Tag, an dem man sich mit dem Göttlichen verbindet, an dem wir die weltlichen Tätigkeiten ruhen lassen, um uns wieder auf das ewige Licht in uns auszurichten. Tue das, was du brauchst, um dich aufzuladen. Es gibt viele Wege: Yoga, Gottesdienst, Meditation ...

Pule – Das Gebet

Sprich heute mit Gott auf deine Weise. »Göttliche Gegenwart, ich grüße dich in Liebe. Danke für diese Woche und diesen Tag und für all die Segnungen, die du mir gibst und mit jedem Tag aufs Neue sendest.«

Schreibe auf, wofür du danken kannst und welche Segnungen du in dieser Woche empfangen hast.

....

....

....

....

....

DANKE – ALOHA MAHALO. Lege alles in Gottes Hände.

Ansonsten genieße den Tag – Shaka! Mache dich locker! Entspanne dich! Lade dich auf deine Weise auf!

Glück und Glücksmomente

Das Glück wohnt nicht in Besitz und nicht im Golde,
das Glücksgefühl ist in der Seele zu Hause.
(Demokrit)

Lade das Glück in dein Leben ein, indem du am Abend die glücklichen Momente des Tages notierst. Lenke deine Aufmerksamkeit auf das Glück, und es wird sich mehren. Es gibt verschiedene Arten des Glücks.

Glück des Bei-sich-Seins

Blicke in dein Inneres! Darin ist eine Quelle des Guten,
die niemals aufhört zu sprudeln. Lasse zu, dass sich
diese innere Quelle in dein Leben ergießen kann.

Freude über das Geschenk des Lebens empfinden, mit sich selbst glücklich und zufrieden sein, sich selbst anerkennen und loben, friedliche und glückliche Stunden mit sich selbst verbringen – bist du dein bester Freund, deine beste Freundin? Wenn nicht, dann wird es Zeit, dass du beginnst, mit dir selbst Frieden und Freundschaft zu schließen, denn dich nimmst du überall mit hin, und in dir liegt die Antwort auf jede Frage, wenn du bei dir, in dir verbunden und voller Freude über dein Sein bist. Lasse dich nicht wieder selbst fallen. Vergib dir, erkenne dich an, und sei mit dir im Frieden, das ist das höchste Gut und die Anleitung für wahres Glück. Sowie Frieden in dir beginnt, beginnt auch das Glück in dir.

Worauf in deinem Leben bist du stolz, was hast du geschafft, wofür kannst du dich ehrlich anerkennen und dir auf die Schulter klopfen?

....

....

....

....

....

Was sind deine Talente, Fähigkeiten und Schätze?

....

....

....

....

....

Was bringt dein Herz zum Singen?

....

....

....

....

Was willst du in deinem Leben erleben?

....

....

....

....

Führe ein Glückstagebuch, ein Wunsch- und Zielbuch, in dem du 100 Dinge notierst, die du dir wünschst und die du erleben möchtest.

ALOHA – liebe das Unbekannte!

Glück der Begegnung und der Liebe

Dabei geht es um die Beziehung zu sich selbst und zu anderen, um Verbindung, Freundschaft, Gemeinschaft, Kinder und Tiere, um Liebe, Nähe, Zärtlichkeit und Vertrauen.

Welche glücklichen Verbindungen hast du?

....

....

....

....

....

Welche Freundschaften geben dir Kraft?

....

....

....

....

....

Welche Begegnung am heutigen Tag hat dir gutgetan und Auftrieb gegeben?

....

....

....

....

Wem hast du heute gutgetan und Glück gebracht?

....

....

....

....

....

Fortunas Segen

Dabei handelt es sich um glückliche Umstände, Zeichen, Gelegenheiten wie das Finden einer Münze, einen Gewinn, einen glücklichen Zufall.

Wenn dir etwas dreimal begegnet, dir dreimal von verschiedenen Seiten gezeigt wird oder dir dreimal etwas ins Auge fällt, so nimm dieses Zeichen ernst, und gehe ihm nach. Es will dir etwas zeigen und dich auf etwas aufmerksam machen. Achte auf die Zeichen des Glücks und des Schicksals. Sie führen dich und werden dir geschickt.

Welche goldenen Gelegenheiten haben sich dir gezeigt?

....

....

....

....

....

Welche Weichen zum Glück hast du heute gestellt?

....

....

....

....

....

Glückliche Momente

Glückliche Momente sind Momente, in denen man genießt, Freude, Dankbarkeit und Liebe empfindet und an denen man sich erfreut. Dies kann man selbst beeinflussen, indem man fühlt und nachspürt. Massagen, Saunagänge, gutes Essen, das man langsam genießt, kleine Überraschungen oder Umarmungen können solche Momente sein.

Wofür kannst du im Leben danken?

....

....

....

....

....

....

Was hat dein Herz berührt oder zum Singen gebracht?

....

....

....

....

....

Seinserfahrungen und das Glück der Verbundenheit

Dazu gehören Naturerfahrungen wie Regenbogen, Sonnenauf- und -untergänge, Nordlichter, Sternschnuppen, ebenso Stille, Gegenwärtigkeit, Freude, Frieden, spirituelle Erfahrungen und Momente, in denen der Energiefluss einsetzt.

Wann hast du heute die Verbundenheit erlebt?

....

....

....

Was waren Momente des Friedens, der Freude und der Stille?

....

....

....

....

Welche spirituellen Erfahrungen hast du gemacht?

....

....

....

Glück des Erfolges und des Sieges

Wir verspüren dieses Glück, wenn wir uns selbst überwinden, etwas zu Ende bringen, mit unserem Tun erfolgreich sind, mit unserem Einsatz ein Ziel erreichen, für unsere Taten Anerkennung und Lob bekommen.

Was ist dein persönlicher Sieg, dein persönliches Erfolgserlebnis?

....

....

....

....

....

Was kannst du heute an dir und an anderen anerkennen, wofür kannst du dich und andere heute loben?

....

....

....

....

....

Lenke deine Aufmerksamkeit auf das Glück. Nimm dir jeden Tag Zeit, die glücklichen Momente, goldenen Gelegenheiten und das, was dich glücklich gestimmt hat, aufzuschreiben.

Aloha! –
Ich teile die Schwingung der Liebe mit dir!

JANUAR – Iaunuali

Göttliche Gegenwart,

ich danke dir für diesen neuen Tag,
für diese neue Woche, für dieses neue Jahr, für den gegenwärtigen Augenblick, in dem ich mich mit dir vollkommen verbunden fühle und dein Segen in alles hineinfließt, was mit mir verbunden ist – um dich zu ehren.
Ich danke dir für all die Segnungen, Erfahrungen, Wachstumschancen, die du mir täglich sendest, damit ich mich erinnere.
Ich danke für die Liebe, die immer da ist und in mir wohnt.
Ich danke für das Licht, das auch im Dunkeln in mir scheint.
Ich danke für mein Sein und für meinen inneren Garten, in dem ich mit dir und allem allzeit verbunden bin.
Ich danke für meine innere Mitte, aus der heraus alles möglich ist.
Ich danke für die unbegrenzt sprudelnden Quellen und das Wasser des ewigen Lebens, das alles durchströmt, das mich reinigt von Blockaden, Hindernissen und falschen Vorstellungen. Es zeigt mir sanft und frei fließend den Weg der Liebe.

ALOHA MAHALO

Uns wurde die Liebe ins Herz gelegt. Sie ist weich, zart, wiegt uns in Geborgenheit, öffnet uns, macht uns geduldig, lässt uns verzeihen, akzeptieren, fühlen. ALOHA – die Liebe wohnt in jedem von uns. Wenn wir uns für die Liebe zu uns selbst öffnen, für die Liebe zu unserem Nächsten und für die Liebe, die in der gesamten Schöpfung wohnt, so beginnt der Strom des Universums durch uns zu fließen und uns zu tragen. Der Flow setzt ein, und wir können auf den Wellen der Freude surfen. Liebe mehrt sich, wenn wir sie großzügig verschenken und andere so daran teilhaben lassen.

ALOHA nui loa – viel Segen

Zielsetzungen für das Jahr

Was sind deine persönlichen Ziele für das Jahr?

Wohin möchtest du reisen?

Wen möchtest du treffen, mit wem und womit möchtest du deine Zeit verbringen?

Was willst du beginnen, durchziehen oder zu Ende führen?

ALOHA bedeutet:
Schaue mit den liebenden Augen Gottes.
Alles fließt.
Alles ist vorhanden.
Alles ist möglich.
Alles wird geteilt.
Alles kehrt zurück.
Hier und jetzt.
Segne das Jetzt.
Vertraue auf dich selbst.
Erwarte das Beste.

Übung – ALOHA-Atmen

Hawaii ist das alte Wissen vom Lebensatem des Göttlichen oder das höchste ***Mana (Mana Loa)***, das uns mit dem Atem durchströmt. Der Lebensatem trägt uns durch das irdische Sein.

HA – Atem, der Lebensstrom
WAI – das Wasser, ewig fließende Energie
I – das Höchste, das Oberste
HAWAII – die aus dem Höchsten strömende Lebensenergie, die sich mit jedem Atemzug wandelt

ALOHA bedeutet mit jedem Atemzug Liebe einatmen. Atme: »ALO« ein, und »HAAAAAAAA ...« aus.

LA'A KEA – Heiliges Licht

Das heilige Licht ist ein universelles Licht, das uns mit jedem Atemzug durchströmt und auflädt. Wir können es erfahren, indem wir sanft auf unsere Augenlider drücken. Wir können es auf verschiedene Weise nutzen, zum Schutz, zur Energieerhöhung, zur Aufladung und zur Harmonisierung von allem, was sichtbar und im Verborgenen mit uns verbunden ist.

Lasse das heilige Licht über die Atmung in dein Energiesystem strömen und in alles, womit du verbunden bist. Sieh, wie sich alles klärt und harmonisiert.

Besonderheiten im Januar

Die völlige Gegenwärtigkeit ist das Ende der Zeit.

ALOHA **bedeutet:**
sich um den Tempel der Seelen kümmern, ihn lieben, achten und ehren.

FEBRUAR – Pepeluali

ALOHA

Ich bin gewollt, kein Kind des Zufalls.
Meine Bestimmung entfaltet sich jetzt.
Ich vertraue der Stimme in meinem Herzen.
Ich denke Vollkommenheit.
Ich bin und bleibe in meinem Fühlen ruhig,
liebevoll, gütig, hilfreich und glückselig.
Meine Augen sehen die Schönheit der Schöpfung.
Meine Hände segnen und heilen.
Meine Füße tragen mich überallhin,
sodass ich Bote des Guten sein kann.
Mein Körper ist stark und gewillt,
die göttliche Vollkommenheit und Liebe
zum Ausdruck zu bringen.
Ich bin das Ich-Bin.
Ich handle in Liebe aus
meiner inneren und tiefsten Anbindung.

Mau Loa ALOHA – Für immer Liebe

Kumo – Ziel

Februar, Zeit der persönlichen inneren Planung. Es ist ein günstiger Zeitpunkt, um Ziele zu setzen, Prioritäten festzulegen und die Konzentration auf die Ziele zu lenken. Lege ein Zielverwirklichungsbuch an, in dem du deine Ziele beschreibst und die Schritte der Verwirklichung notierst. Bitte die Geistige Welt, dich zu führen und zu unterstützen. Genieße den Weg, die Geschenke, Begegnungen, Fügungen und die Liebe, die in jedem Schritt zum Ziel liegen. Feiere auch Zwischenschritte.

Deine Mitte ist der Ort der Kraft.

Kümmere dich nicht um das, was am äußeren Rand deines Lebens auftaucht. Es geht vorüber. Gehe in den Ort der Mitte, in das Zentrum deines Seins; es ist dein heiliger Ort. Hier kannst du deiner inneren Führung begegnen. Lenke deine Aufmerksamkeit auf das beste Ergebnis, das du dir vorstellen kannst. So wird dein Weg gut weitergehen. Die Energie folgt der Aufmerksamkeit, richte sie weise und bewusst aus.

Übung – Mit dem Herzen hören

*Die wichtigste Reise unseres Lebens
ist die von unserem Verstand in unser Herz.*

Beruhige dein Gehirn und deine Gedankentätigkeit. Begib dich in den Raum deines Herzens. Du kannst eine Hand auf dein Herz legen. Frage es auf liebevolle, aufrichtige, einfühlsame Art, was es »auf dem Herzen hat«. Warte einen Moment, und fühle in den Bereich deines Herzens. Spüre nun, wie sich deine Herzenstür öffnet und du deinen inneren Raum betrittst.

Du nimmst einen Geruch wahr, ein Duft weht dir um deine Nase ... Du fühlst einen Gegenstand in deiner Hand ... Ein Geräusch wird nun immer lauter und deutlicher ... Ein Gefühl steigt in dir auf ... Eine Energiebewegung trägt dich in das Zentrum deines Herzensraumes.

Du atmest tief durch und erlaubst dir, dich auf deine Mitte auszurichten. Du nimmst den Ort der Begegnung in deinem Herzen wahr. Eine Person, eine Angelegenheit, mit der du nicht im Reinen bist, erscheint. Sage ihr ganz ehrlich, von Herz zu Herz, wie es dir geht. Schaue, was die andere Person oder die Angelegenheit dir zeigt oder dazu sagt. Schaue mithilfe deiner Spirits, was gebraucht wird, damit diese Situation in den Strom der Liebe zurückfließen kann. Siehst du schmerzende Energieverbindungen in deinem und im Feld der anderen Person, so bitte deine Spirits, diese sanft zu lösen und in den Strom der Liebe zurückzugeben. Es kann sein, dass sich mit dem Lösen der Verbindungen der Abstand zwischen dir und der Person vergrößert oder dass sie geht. Lasse das geschehen. Komme langsam und sanft auf den Wellen der Atmung in diesen Raum zurück.

Schreibe hier anschließend deine Erfahrungen auf:

Übung – Piko piko: Ausrichtung in die eigene Mitte

»Piko« bedeutet »Nabel« und stellt ein wichtiges Zentrum in dir dar. Bevor du orakelst oder die Weisheit in dir abfragst, ist es hilfreich, dich auf deine Mitte auszurichten.

Richte deine Aufmerksamkeit auf deinen Scheitel, und atme an diesem Punkt ein. Konzentriere dich dann auf deinen Bauchnabel, und atme an diesem Punkt aus. Spüre den Energiefluss zwischen den beiden Punkten. Fühle die Hawaiiwelle der Atmung durch deinen Körper fließen. Führe diese Atmung mindestens dreimal aus. Sie verbindet dich mit deinem Selbst. Schließe dich an die Weisheit in deinem Inneren an.

Übung – PUNA: Quelle

*Die Quelle allen Seins liegt in dir.
Feuer, Flamme, Licht – die Schöpfung und du
sind eins.*

Die Quelle wird gleichgesetzt mit allumfassendem Bewusstsein. Du bist mit der Quelle allen Seins verbunden.

Lege deine Hände ungefähr acht Zentimeter unterhalb des Nabels auf deinen Bauch. Das ist deine Mitte. Atme in deine Mitte. Erlaube dir, ganz in deinen Körper zu kommen. Aus deiner Mitte schöpfst du Kraft. Aus deiner Mitte steigen die Visionen und der nächste Handlungsschritt auf. Lasse geschehen, und warte ab.

Lege deine Hände auf dein Herz. Lege deine Hände auf deinen Kopf. Spüre, wie sich die drei Feuer in dir zu einem hellen Lichtstrom vereinen und mit der universellen Quelle des Lichtes eins werden.

Besonderheiten im Februar

ALOHA bedeutet, das Geschenk des Lebens anzunehmen und Ja zum Leben zu sagen. Jetzt, in diesem Augenblick, kannst du glücklich, voller Freude und Zuversicht sein.

MÄRZ – Malaki

ALOHA bedeutet:
sich öffnen.

ALOHA

Lasse los. Es ist Jetzt.
Öffne dein Herz immer und immer wieder.
Es ist dein kostbarstes Gut.
Mit einem offenen Herzen empfangen wir
das Licht des neuen Tages
und die Melodie der Liebe,
die in vielen wunderbaren Klängen ertönt.
Indem wir der Liebe folgen, werden uns
die Sonne, der Mond und die Sterne,
die Elemente, die Bäume, die Steine
und die Blumen, die Wesenheiten des Lichtes
und liebende Menschen
den Weg weisen.

Öffne dich für deine Träume! Der März ist die Zeit der Träume und Visionen – die Zeit für die Post der Seele. Sie sind die Verbindung zu allen unsichtbaren Ebenen und Dimensionen, die uns durchdringen und umgeben. Alles ist ein Traum! Verändere dich, und du veränderst deine Träume und damit die Erfahrungen, die du in deinem Leben machst.

Nimm dir Zeit zum Träumen! Erinnere dich an deine Träume! Lebe deine Träume! Wir träumen alles, bevor es in der Realität geschieht. Wir können Träume mithilfe von ***Ike,*** dem Bewusstsein, glückeinwärts verschieben und verändern. Träume führen in das Reich der Seele. Unbegrenzte Kraft wohnt im Inneren. Traumarbeit ist von Bedeutung, denn unsere Träume führen uns.

Nimm dir jeden Morgen ein paar Minuten Zeit, um dich an die Träume der vergangenen Nacht zu erinnern.

Die Botschaften der Delfine

An der Küste von Kona auf Big Island, in der Kealakekua Bucht, auch »Pathway of the Gods« genannt, kann man in den Morgenstunden mit frei lebenden Delfinen schwimmen. Manchmal beobachten einen die Delfine, manchmal spielen sie mit einem, manchmal übertragen sie einem ***Mana,*** manchmal schwimmen sie auch in heiligen geometrischen Formen und bringen einen mit höheren Ebenen und Dimensionen in Einklang.

Die Botschaften der Delfine lauten:

- Gehe mit dem Flow!
- Synchronisiere dich mit höheren Ebenen und anderen Dimensionen, sie tragen dich!
- In der Gemeinschaft hat jeder seinen Platz und seine Aufgabe, wir sind füreinander da, und niemand wird vergessen!
- Wir öffnen dich für andere Bereiche!
- Alte Weisheit ist bereits in dir! Erinnere dich!

* Betrachte Situationen ganzheitlich – holistisch!
* Gleiche dich ab! Lade dich auf! Atme!
* Tauche immer wieder auf – atme ein, und fühle den Lebensstrom durch dich fließen!
* Das Leben ist Harmonie, Ordnung und Flow!
* Spiele, habe Spaß, lasse dich treiben im Ozean der Freude!

Le‘a – Spaß, Glück, Freude

Freude ist die Schwingung der Liebe. Wer liebt, empfindet Freude, wer Freude empfindet, der liebt. Lade das Glück in dein Leben ein. Schreibe einfach jeden Tag auf, in welchen Momenten du Glück empfunden hast und was dich glücklich macht. Damit gibst du dem Strom des Glücks mehr Energie, und er wird stärker in deinem Leben. Du bist ein Glückspilz, denn du lebst. Die Freude und das Glück kannst nur du in deinem Leben entdecken.

Ike – Bewusstsein

Ich bin das Ich-Bin.

Die Welt ist so, wie du sie siehst. Du erlebst die Welt so, wie du denkst, dass sie ist. Wie denkst du über dich selbst?

....

....

....

....

Wie denkst du über deine Mitmenschen, deine Familie und deine Umwelt?

....

....

....

....

Alles ist ein Traum. Wir träumen am Tag genauso wie in der Nacht. Je nachdem, wohin wir unsere Aufmerksamkeit lenken, erleben wir einen anderen Traum von dieser Welt und unserer Umgebung. Das Gegenteil von Bewusstsein ist Unbewusstheit. Wir können diesen Zustand ändern. Überprüfe deine Glaubenssätze und Überzeugungen. Die Kraft von ***Ike*** ist Bewusstsein, sein Hindernis Unwissenheit.

Einige hawaiianische Regeln:

- Beurteile den Tag nicht nach dem Wetter.
- Die besten Dinge im Leben sind keine Dinge.
- Sage die Wahrheit, dann musst du dich an weniger erinnern.
- Alter ist relativ – wenn du über den Berg bist, kannst du Gas geben.
- Es gibt zwei Möglichkeiten, reich zu werden: Mache mehr, oder erwarte weniger.
- Wahre Schönheit kommt von innen – Aussehen sagt nichts aus.
- Kein Regen – kein Regenbogen!

Übung – AMAMA: So sei es

Wenn wir das Wort »Amama« – »So sei es« – sprechen, verstärken wir einen Wunsch und geben unsere Kraft und unser ***Mana*** hinein, um ihn auch wirklich zu materialisieren.

Wann immer du eine Aussage, die ein anderer macht, als wirklich gut und segensvoll empfindest, kannst du sie mit den Worten »So sei es« bekräftigen und damit einen Lichtstrom aufbauen, der diese Worte Wirklichkeit werden lässt.

Besonderheiten im März

Die HUNA-Leitsätze:

Segne die Gegenwart.
Vertraue auf dich selbst.
Erwarte das Beste.

APRIL – ‘Apelila

ALOHA bedeutet:
Der Regenbogen leuchtet auf deinem Weg, um dich an die Liebe in dir zu erinnern.

Danke, große göttliche Gegenwart der Liebe, des Lebens,
der Freude und der Kraft, die ich mit jedem Atemzug
in mich aufnehme und die immer da ist.
Ich danke dir für den Frieden, die Freude, die Stille und meinen
inneren Garten, in dem ich mich immer wieder neu ausrichten kann.
Ich danke dir für die Elemente, die Steine, die Pflanzen,
die Tiere, die Menschen, die Lichtwesen und die Herausforderungen,
die du in meinen Lebensstrom sendest, damit ich wachsen kann.
Ich danke dir für alles, was verborgen und erkennbar ist
und in meinen Lebensstrom geführt wird.
Ich segne meine Ahnen, die mir den Weg geebnet haben.
Ich segne die wiederkehrenden Kreisläufe,
die mich durchs Leben tragen. Getragen von dem Strom des Segens
werde ich wacher, bewusster und reifer und immer mehr eins mit
meinem wahren Wesen.
Möge alles durch mich Mit-Erschaffene eine segensvolle Wirkung
entfalten.
Alles ist vorhanden, alles ist möglich.
Ich vertraue und erwarte das Beste.

Mahalo ALOHA

Regenbogen

Der April ist für sein schnell wechselndes Wetter bekannt. Deswegen sieht man in diesem Monat häufig Regenbögen. Auf Hawaii gibt es so viele Regenbögen wie nirgendwo sonst auf dieser Welt. Deswegen wird Hawaii auch »ALOHA Rainbow State« (Regenbogenland) genannt.

Der Regenbogen steht für die Brücke zwischen der sichtbaren und der unsichtbaren Welt. Wann immer du einen Regenbogen entdeckst, erinnere dich an deine geistige Heimat, die dir einen lieben Gruß in sämtlichen Farben sendet.

Der Regen ist auf Hawaii heilig. Die Inseln sind von salzigem Wasser umgeben; nur der Regen bringt Trinkwasser und sorgt für eine reiche Ernte. Auf Hawaii ist der Regen in viele Segensformeln eingebaut.

Halte die Augen auf, und siehe das Schöne in deinem Leben – den Regenbogen am Himmel.

Übung – Die Medizinwanderung

Die Umwelt ist der Spiegel deiner Seele,
schaue in ihn hinein.

Wähle einen Tag, an dem du wirklich Zeit hast, um eine Medizinwanderung zu machen. Packe dir etwas zu trinken ein. Du kannst an diesem Tag fasten, wenn du magst. Nimm das mit, was dir für deine Medizinwanderung in den Sinn kommt. Vielleicht eine Sitzunterlage, einen Kompass, ein kleines Geschenk an die Natur ... Es ist wichtig, dass du die Wanderung ganz für dich – in Stille und Verbindung – machen kannst.

Die Medizinwanderung ist weniger eine Wanderung als ein In-sich-Hinein-spüren, ein Sich-treiben-Lassen, ein Sich-ziehen-und-führen-Lassen, um wirklich wahrzunehmen. Lasse dich von deiner eigenen inneren Weisheit, deiner Intuition, führen.

An dem Tag der Wanderung betrittst du den heiligen Raum von Mutter Erde. Du gehst durch ein Tor in die Natur, am besten zu Sonnenaufgang, und lässt dich führen. (Tore können zwei Bäume, eine Brücke, eine Schwelle sein.) Betritt bewusst den heiligen Raum der Natur. Du wirst geführt und geleitet. Mutter Erde hält viel Medizin bereit, wenn du dich ihr mit deinem ganzen Sein öffnest. Zu Sonnenuntergang kehrst du an das Tor zurück und gehst über diese Schwelle in deine Alltagswelt zurück. Bedanke dich für das Erlebte. Wie fühlst du dich jetzt?

....

....

....

....

SHAKA – Hang loose: Mach dich locker!

Wenn wir ganz entspannt sind, kommen wir in den gegenwärtigen Moment und spüren die Kraft des Augenblicks. Wir ruhen ganz in unserer Mitte, das heißt, wir haben einen vollständigen Handlungsspielraum zur Verfügung. In der vollkommenen Entspannung liegt eine große Kraft.

Verbinde dich mit dem Herzschlag der Erde. Mache dir bewusst, egal in welchem Land du bist, dass unter allem nur die eine Erde ist. Sie trägt uns, wo immer wir sind, auf unserer einzigartigen Lebensreise.

Die Botschaften der Erde lauten:

* Halte eine positive, lebendige Atmosphäre um dich herum aufrecht.
* Ehre Mutter Erde und die Mütter dieser Erde.
* Gib etwas zurück.
* Teile deine Liebe mit allen Geschöpfen.
* Jedes Geschöpf ist ein Botschafter.
* Denke global.
* Feiere die Schöpfung.
* Segne deinen einzigartigen Lebensweg.

Besonderheiten im April

ALOHA bedeutet: Der Wind trägt uns Botschaften zu, die wir im Herzen hören können.

MAI – Mei

ALOHA
bedeutet:
in das Herz
der Schöpfung
atmen.

Frangipani (Plumeria)

Blüte der Göttinnen – aus dem Paradies gesandt,
um uns an den Regenbogen der Schöpfung zu erinnern.
Wir alle sind Brüder und Schwestern des Lichtes,
mit einem Herz, in dem die Liebe wohnt,
die uns miteinander verbindet.
Reichen wir uns in unserer Vielfalt und
Einzigartigkeit die Hände,
um gemeinsam den universellen Gesang
der Schöpfung anzustimmen.
Betörende Düfte aus der Ewigkeit,
die unsere unsterbliche Schönheit
im Inneren berühren.
Erinnere dich!

Mai

Wir sind geistige Wesen, die eine körperliche Erfahrung machen. Umgeben von anderen geistigen Wesen, die uns umwehen wie der Duft einer Plumeria-Blüte. Sie ist eine Blüte der Göttinnen, die uns an das Paradies erinnert, das immer noch da ist, hier auf Erden. Der Duft dieser Blüte erinnert dich an die Schönheit, die in allem wohnt.

Der Mai ist in unseren Breiten der Wonnemonat. Die Natur erblüht in ihrer ganzen Pracht, überall sind farbenfroh leuchtende Blumen zu sehen. So, wie die Knospen sich jedes Jahr wieder öffnen, so können auch wir unser Herz immer und immer wieder öffnen, damit die Liebe ihren Duft verströmen kann und uns neue Erfahrungen im Einklang mit unserer Entwicklung beschert. Öffne dein Herz wieder und wieder!

Die Liebe hat fünf Blüten – die Blüten des ALOHA. Verbindet man die fünf Blüten an ihrem höchsten Punkt mit Linien, entsteht ein Stern. Dieser Fünfstern symbolisiert Licht (Sonne) und die Liebe – er leuchtet in jedem Herzen. Die fünf Blüten des ALOHA erinnern uns an die Qualitäten der Liebe, die jeder Mensch offen sichtbar oder im Verborgenen in sich trägt. Zur Erinnerung hier noch einmal:

»A« wie »Ahonui«: Geduld und Ausdauer, mit denen wir verwirklichen können, was wir sind,
»L« wie »Lokahi«: Einheit, Harmonie, Verbundenheit mit allem,
»O« wie »Olu'olu«: Liebenswürdigkeit, Friedfertigkeit,
»H« wie »Ha'aha'ha«: Bescheidenheit, Demut und Dankbarkeit für diese Schöpfung und
»A« wie »Akahai«: Freundlichkeit, Zartheit eines offenen liebenden Herzens, das uns führt.

Mit dem Einatmen bei unserer Geburt hat der Schöpfer uns das Leben geschenkt, und wir haben es angenommen. Über den Atem können wir uns mit »Gott in uns« verbinden.

Tiki Waena – Der innere Seelengarten

Die fünfte Kammer in unserem Herzen, über die wir mit »Gott in uns« in Kontakt treten können, ist unser persönlicher Kraftort, an dem wir ewig geschützt und gut aufgehoben sind. Er ist das Startfeld, wenn wir in andere Dimensionen reisen, und das Landefeld, zu dem wir zurückkehren, um neue Kräfte in uns zu verankern. Der Kraftort ist jeder Kultur und auch einigen Religionen bekannt. Im Christentum wird er »stilles Kämmerlein« genannt, in den Upanischaden ist er eine »daumengroße Lichtgestalt«, die uns von innen her anleitet.

Auf Hawaii wird dieser innere Ort »Tiki Waena« genannt. »Waena« bedeutet »Garten«. Wer schon einmal Hawaii besucht hat, der kennt die Tiki, kleine Holzfiguren, in denen die »Ahnen« oder »Spirits« der Hawaiianer verehrt werden. Es gibt diese Tiki für alle möglichen Zwecke, sie können auf der inneren Ebene unterrichten, heilen, helfen, schützen, und sie unterstützen dich dabei, neue Einsichten zu erlangen und dein Lebensmuster lichtvoll zu wandeln.

Diesen privaten inneren Ort kannst du jederzeit besuchen, um Hilfe, Antwort, Ruhe, Heilung, Kraft, Erkenntnis ... zu finden. Er verbindet dich auf der inneren Ebene mit den verschiedensten Lebensströmen. Hier kannst du mit deinen Spirits – seien es Krafttiere, Engel, Ahnen, Heiler, Naturwesen, Gottheiten, Geistführer oder Ähnliches – in Kontakt treten, damit sie dich führen, dich begleiten. Es ist ein Ort der inneren Zusammenkünfte, die dir helfen, innere Zusammenhänge und äußere Umstände besser nachzuvollziehen und gegebenenfalls von innen heraus zu wandeln.

Übung – HONUA: Erde

Gott erschuf Himmel und Erde und nicht Himmel und Hölle. Die Erde ist heilig. Sie ist das Füllhorn, das uns Nahrung schenkt und unseren Durst stillt. Alle Schätze kommen von ihr. Stelle dich mit nackten Füßen auf die Erde. Lege deine Hände auf die Erde. Spüre ihr lebendiges Sein. Danke ihr. Lege dich auf die Erde. Du wirst getragen. Fühlst du es? Halte deine Empfindungen schriftlich fest.

....

....

....

....

....

....

....

....

....

....

....

Übung – PAHU: Trommel

Alles schwingt,
alles hat einen eigenen Rhythmus.

Die Trommel symbolisiert den Herzschlag der Erde. Nimm dir Zeit, auf deinen Herzschlag zu hören. Er ist gleichmäßig und rhythmisch.

Danke dir selbst für alles, was du für dich erreicht hast, für alles, was du an dir magst, für alles, was du für andere getan hast. Es ist an der Zeit, das Leben zu würdigen und zu feiern. Es ist Zeit, auch das zu würdigen, was andere für dich getan haben. Gib ihnen eine positive Rückmeldung. Leichtigkeit und Freude verstärken die innere Führung und bringen dich in Harmonie mit der Schöpfung.

Besonderheiten im Mai

JUNI – Iune

ALOHA bedeutet: die Liebe im Herzen blühen lassen.

Walking in Beauty – In Schönheit wandeln

Ich bin jetzt für immer glücklich.
Nichts kann mich daran hindern.
Ich gehe, und Schönheit ist vor mir.
Ich gehe, und Schönheit ist hinter mir.
Ich gehe, und Schönheit ist neben mir.
Ich gehe, und Schönheit ist unter mir.
Ich gehe, und Schönheit ist über mir.
Ich gehe, und Schönheit ist in mir.
Schönheit umgibt und durchdringt mich,
wo immer ICH BIN.

Dort, wo Lebensenergie wegfließt, fließt neue Energie nach. Immer und ewig. Die Lücken, die im Leben entstehen, füllen sich von selbst wieder. Heilung bedeutet auf Hawaii, in das Vertrauen und in die Liebe zurückzukehren und eingeschlossene, blockierte oder gestaute Lebensenergie zu befreien, damit sie wieder fließen kann. Es gibt viele Möglichkeiten, dies zu tun. ***Lomi Lomi,*** eine hawaiianische Massageart, ist eine davon. Sofern es dir möglich ist, gönne dir diesen Monat eine solche Massage.

Heilung bedeutet: frei fließende tanzende Energie.

Der Ozean

Der Ozean steht für die ewig fließende Energie, die alles mit allem verbindet. Er steht für die Tiefe, das kollektive Unterbewusstsein und die Freiheit. Er steht für die Freude am Sein. Seine Wellen, die beständig an Land rollen und sich wieder zurückziehen, stehen für das wiegende Herz, das Auf und Ab im Leben, für Innen und Außen, Einatmen und Ausatmen. All diese Gegensätze gehören zusammen. Ohne das eine wäre das andere nicht möglich.

HOLO HOLO – Lass uns wandern gehen!

Reise, besuche einen Ort, den du noch nicht kennst, oder unternimm etwas, was du noch nie gemacht hast. Juni ist die Zeit der neuen Horizonte. Öffne dich für das Neue. Was wolltest du immer schon einmal machen? Welchen Ort wolltest du immer mal kennenlernen?

....

....

....

Zögere nicht – wenn nicht du, wer sonst, wenn nicht jetzt, wann dann? Indem wir neue Plätze besuchen, Dinge tun, die wir noch nie getan haben, öffnen wir uns der Weite und Freiheit, die wir innerlich besitzen. Wir verlassen alte Bahnen und erweitern unseren Horizont.

ALOHA bedeutet: Alle Weisheit, alles Wissen
ist bereits in dir.

Die Botschaften der Wasserschildkröten

Wasserschildkröten kann man auf Hawaii überall an den Stränden und beim Schnorcheln und Tauchen begegnen. Sie werden mit der Erdgöttin ***Haumea*** in Verbindung gebracht. Sie sind heilig, ebenfalls Spirit-Tiere der Hawaiianer und stehen für das weibliche Prinzip, das alte Wissen auf der Erde, für Weisheit und ein langes Leben. Sie sind gute Führer auf geistigen Pfaden.

Die Botschaften der Wasserschildkröten lauten:

* Ziehe dich immer mal wieder zurück! Rückzug ist erholsam, dann kannst du mit dem Universum in Verbindung sein.
* Sei bei dir, und lasse dich nicht aus der Ruhe bringen!
* Denke langfristig! Navigiere aus deiner inneren Anbindung heraus!
* Lebe ausgewogen ... innen und außen, an Land und in der Tiefe des Wassers.
* Alter ist Würde! Bleibe ruhig, egal was kommt!
* Gehe deinen einzigartigen Weg hier auf der Erde!
* Verbringe Zeit am Strand! Lasse dich auch mal treiben!

Besonderheiten im Juni

ALOHA bedeutet: eine Welle im Ozean der Freude.

JULI – Iulai

ALOHA bedeutet:
Liebe einatmen und sie beim Ausatmen verteilen.

Es ist ganz egal, was du hinter dir hast.
Es spielt keine Rolle, wie viel Schmutz
deine äußere Erscheinung ertragen hat.
Es ist unwichtig, was andere Menschen über dich sagen.
Du trägst den ewigen Funken Gottes in deinem Innersten,
strahlend, unverändert und rein.
Betritt den Platz, den Gott dir gegeben hat.
Nimm dein Leben in deine liebenden Hände.
Öffne dich. Empfange den Segen von Himmel und Erde.
Erinnere dich. Wache auf.
Betritt die heilige Halle der Einweihung in deinem Herzen.
Dein Höheres Selbst, dein innerer Lehrer, wohnt in dir.
Er wartet darauf, dass du mit ihm in Kontakt trittst.
Du kannst dein Leben
in Liebe, Frieden und Freude gestalten
und andere Menschen mit deinem Licht
und neuen Wegen anstecken.
Alles ist bereits in dir.

Liebe bei den Polynesiern

Das Wort »ALOHA« bedeutet unter anderem »Liebe« und basiert auf »Akahai«, einem verlässlichen, sanften und fürsorglichen Verhalten. Die Polynesier nehmen Liebe in der westlichen Kultur oft als eine übertriebene, impulsive, sexualisierte Empfindung wahr, und dies fördert ihrer Meinung nach die westliche Anschauung von Liebe als spontanes Gefühl, das dem Menschen einfach »zustößt«. Wir sind hilflos »verliebt« oder »entliebt« und darauf fixiert, wahre Liebe nach unseren Vorstellungen zu finden, statt in der Liebe zu sein, uns der Liebe der Schöpfung gewiss zu sein und sie aus uns heraus in unserer Umgebung mit anderen zu teilen.

In Polynesien ist die Liebe spiritueller, abstrakter und weniger weltlich. Sie ist die Energie, die uns umgibt, die dieses Universum durchströmt.

Liebe in der Partnerschaft

Heirate nicht, um Liebe zu finden –
heirate, wenn du bereit bist zu lieben.
(Hawaiianisches Sprichwort)

Liebe – ALOHA – bedeutet mehr, der richtige Partner zu sein, als den richtigen Partner zu finden. Eher mitfühlend als leidenschaftlich zu sein und sich gegenseitig durch schwierige Zeiten des Lebens zu helfen, Heilung zu finden und Liebe zu schenken. Eine ozeanische Partnerschaft basiert auf Geduld, Verständnis, Toleranz, Wertschätzung und Dauerhaftigkeit. Die Ehe ist ein »erweitertes ALOHA«. Man heiratet, um sich bei der Aufgabe, Wahrheit und Liebe in die Welt zu bringen, zu unterstützen. Wo zwei Menschen im Namen der Liebe zusammenfinden, werden sie eins. Es entsteht ein kleines Paradies.

Übung – Ich liebe dich, ich liebe mich, weil ...

Ein hawaiianischer Spruch lautet übersetzt: »Fünfmal Lob auf einmal Kritik.« Für den Anfang reicht schon »Zweimal Lob auf einmal Kritik«. Lobe dich selbst jeden Tag fünf Minuten lang für all das, was du an diesem Tag getan hast, für all das, was du bist, und für all das, was du gibst. Wofür möchtest du dich jetzt loben?

....

....

....

....

....

....

....

....

Wertschätze die Menschen in deiner Umgebung. Schreibe alles auf, was du an deinem Partner schätzt und liebst.

Liebe in der Ohana

»Ohana« ist die Familie. Sie umfasst neben den Blutsverwandten auch Menschen, mit denen man in tiefer Liebe verbunden ist, Freunde, Nachbarn, Menschen anderer Nationen sowie die Ahnen und Spirits.

»Ohana« bedeutet, einen Platz im Menschenkreis zu haben, zu lieben und geliebt zu werden, füreinander da zu sein in dem Bewusstsein: »Wenn ich etwas für dich tue, so tue ich es auch für mich.« Man hält zusammen und sorgt auf beste Weise füreinander. Man ehrt und wertschätzt die Mitglieder der Ohana und verbringt viel Zeit mit ihnen, um Spaß zu haben, zu spielen, sich auszutauschen und sich gegenseitig reiche Erfahrungen der Liebe zu schenken.

*Bevor du deine Zeit mit nutzlosen Gedanken verbringst,
bete für andere – und du wirst Heilung erfahren.*

Keikis – die Kinder

*»Keikis sind die Blumen unseres Herzens.
Eine Blume schreit man nicht an, um sie zum
Wachsen zu bringen. Man hegt und pflegt sie.
So einfach ist das!«*

»Keiki« ist das hawaiianische Wort für »Kind« und »junge Pflanze«. Im ozeanischen Sinne wird ein Kind in der Tat wie ein Sämling gesehen und von der gesamten Ohana so behandelt, dass es gut gedeihen kann. Eine fröhliche, lebensfreudige, zuverlässige Haltung und gelebte Liebe – ALOHA – sind die Grundlage der Kinderbegleitung.

Von den Kindern wird erwartet, dass sie der Familie helfen, mit für das Wohl des Gesamten sorgen und mit allen Mitgliedern der Ohana respektvoll umzugehen. Auf Hawaii ist das Wichtigste, dass man den Keikis zeigt, wie man liebt und wie man Liebe teilt.

Übung – Energie für die Liebe

Schließe für einen Moment die Augen. Wenn du eine Skala von 1 bis 100% vor dir siehst, bei welchem Wert befindet sich dein momentanes Energielevel?

....

Hat das Energielevel einen Wert
von über 50%, dann bist du in der Lage, heilende Energie abzustrahlen.
von unter 50%, dann beginnt ein Selbstsabotageprogramm.
von unter 20%, dann beginnt ein Selbstzerstörungsprogramm.

Wenn unsere Energie auf einen Wert von unter 50% sinkt, haben wir nur eine Verantwortung: uns selbst wieder mit Lebenskraft aufladen. Dabei gibt es viele Möglichkeiten – Atemtechniken, Meditation, ***Hula, Lomi Lomi,*** Yoga, Bewegungsübungen ...

Befindet sich dein Energielevel zwischen 50 und 100%, ist dein Gefühlsleben leicht geprägt von Empfindungen wie Liebe, Dankbarkeit, Frieden, Freude, Leidenschaft, Begeisterung, Hoffnung, Zuversicht, Mitgefühl, Zärtlichkeit und Freundlichkeit. Bei unter 50% haben Gefühle wie Langeweile, Sorge, Mangel, Ärger, Wut, Groll, Neid, Gier, Angst, Eifersucht, Schuld, Scham, Depression, Rache, Hass ein leichteres Spiel.

Wir sind verantwortlich für unser Energielevel!

Besonderheiten im Juli

Liebe mehrt sich, wenn wir sie teilen.

AUGUST – 'Aukake

***ALOHA* bedeutet:**
die Botschaften
der Schöpfung
verstehen.

Die Erde ist mein Körper und mein Halt.
Das Wasser ist mein Blut und mein Fühlen.
Die Luft ist mein Atem und mein Gedanke.
Das Feuer ist meine Energie.
Ich öffne mein Herz wie eine Blume
für die Schwingung der Liebe.
Tiere zeigen mir meine instinkthaften
und meine übersinnlichen Fähigkeiten.
Der menschliche Teil ist meine kreative,
schöpferische und flexible Gestaltungskraft.
Denken, glauben, wahrnehmen, fühlen,
handeln, gestalten.
Gott ist in mir, Gott ist in allem.
Alles ist eins – das All-Eins.
Ich bin Licht, ewiges Licht,
schwingend, leuchtend, tanzend, hell.

Lu'au – Fest

Feiere das Leben!

Der August ist der Monat, um das Leben zu feiern und zu preisen. Lu'au ist ein traditionelles hawaiianisches Fest, das mit Ausgelassenheit, Tanz, Gesang und gutem Essen einhergeht und zu den verschiedensten Anlässen zelebriert wird. Es dient dazu, das Leben und die Liebe zu feiern.

Was kannst du feiern in deinem Leben? Feiere die Liebe, die Vollendung eines Projektes, feiere dich selbst, die Freundschaften, das Erblühen der Natur, feiere die Ernte oder ganz einfach, weil du die Liebe zum Leben in dir fühlst.

....

....

....

....

Hula

Tanzen bedeutet, die feinstoffliche Decke der Erde mit Licht und Liebe neu zu weben und in Harmonie und Einklang mit sich und dem Universum zu sein. *Hula* ist ein erzählender Tanz. Er ist die Sprache des Herzens und der Herzschlag des hawaiianischen Volkes. Er erzählt von der Schönheit, den Elementen, der Verbindung mit allem. In jeder Bewegung werden alte Legenden und Geschichten an die nachfolgende Generation weitergegeben. Tanzen ist heilig. Schaue, welche Bewegungen dein Körper zu bestimmten Rhythmen machen möchte. Erlaube dir, dich zu entfalten.

Hula-Tänzerinnen und -tänzer tragen oft Blätter, Blüten oder andere Naturmaterialien als Schmuck im Haar oder als Kränze um den Kopf, den Hals, die Hüften, die Handgelenke und/oder die Knöchel. Blüten, Blätter, Muscheln etc. erinnern uns an die Schönheit und die Liebe in allem und haben im Detail ganz bestimmte Bedeutungen. Die Pflanzen werden dem Tanz und der Tradition der einzelnen Inseln entsprechend zusammengestellt. Nach dem Tanz gibt man den Blumenschmuck der Erde, dem Wasser, dem Feuer und der Luft mit großer Dankbarkeit im Herzen zurück.

Wir geben ALOHA, wir empfangen ALOHA, und wir teilen ALOHA mit der gesamten Schöpfung.

Es gibt verschiedene Legenden zur Entstehung des ***Hula,*** des erzählenden Tanzes. Einer dieser Legenden nach wollte ***Laka,*** die Göttin der Pflanzen, der Liebe und eben des ***Hulas,*** den Menschen in der Liebe der Schöpfung wiegen. Sie »gebar« deshalb den ***Hula*** auf Moloka'i, am heiligen Hügel Puu Nana. Die Geburtsstätte des Tanzes trägt den Namen »Kaana«. ***Laka*** soll nach der Geburt des ***Hula*** von Insel zu Insel gezogen sein und den Menschen gezeigt haben, wie sie sich im Einklang mit der Schöpfung wiegen konnten, um das ALOHA der Schöpfung zu fühlen und sich mit dieser Liebe zu erfüllen. Der Tanz, die Schönheit und die Freude stehen im Zentrum der Schöpfung.

Singe, tanze, wiege dich im Einklang mit der Schöpfung!

Den Zauber im Leben wiederentdecken

Das natürliche religiöse Gefühl des Menschen ist das All-eins-Sein mit der Natur. Hier findet er die Begegnung mit der Unendlichkeit, zauberhafte Vielfalt und die Kraft, sein Leben im Einklang mit der Schöpfung zu gestalten. Der August ist der Sonnenmonat, Zeit zum Tanzen, Feiern und Aktiv-Sein. Die Göttin des Monats ist ***Pele***.

Die Botschaften des Vulkans und der Feuergöttin Pele lauten:

* Nimm den Stab deiner Macht!
* Sei aktiv, handle!
* Es ist in Ordnung, ab und zu mal Dampf abzulassen!
* Halte dein inneres Feuer am Brennen!
* Reinige dich im Feuer, und lasse zu, dass der Diamant in dir leuchtet!
* Stehe zu deiner Kraft!
* Setze dich aktiv für dich, deine Träume und Visionen ein!
* Glaube an dich, und gib niemals auf!

Übung – Atmen im HUNA zur Aufladung mit Mana

Die folgende Atemtechnik zur Aufladung mit Lebensenergie findet sich in vielen alten Systemen.

Einatmen – Halten – Ausatmen – Halten
Feuer – Luft – Wasser – Erde

2 – 0 – 4 – 0 Basisatmung – Tiefenatmung: doppelt so lang ausatmen wie einatmen
4 – 4 – 4 – 4 Beruhigung
2 – 2 – 2 – 2 Entspannung

Du kannst einen Atemrhythmus wählen, der dir guttut. Du kannst bei der Übung auch gehen und deine Schritte dem Atemrhythmus anpassen – das verstärkt die Konzentration auf die Atmung und bezieht das ***Ku*** ein.

Übung – Mana-Platz

Ein »*Mana*-Platz« ist ein Ort, an dem du dich immer wieder aufladen und verbinden kannst.

Schamanische Reisen oder Meditationen verbinden uns mit der Geistigen Welt. Du kannst erfahren, welche geistigen Kräfte dich begleiten. Es ist auch möglich, Karten zu ziehen und zu legen.

Wähle eine Ecke in deiner Wohnung. Errichte eine kleine »Oase der Kraft«, indem du einen »Altar«, mit allem, was dich stärken soll, aufbaust. Nutze den Platz, und entzünde eine Kerze, wenn du nicht weiter weißt oder dich wieder verbinden möchtest.

Besonderheiten im August

ALOHA bedeutet: der inneren Stimme folgen und aus dem Herzen handeln.

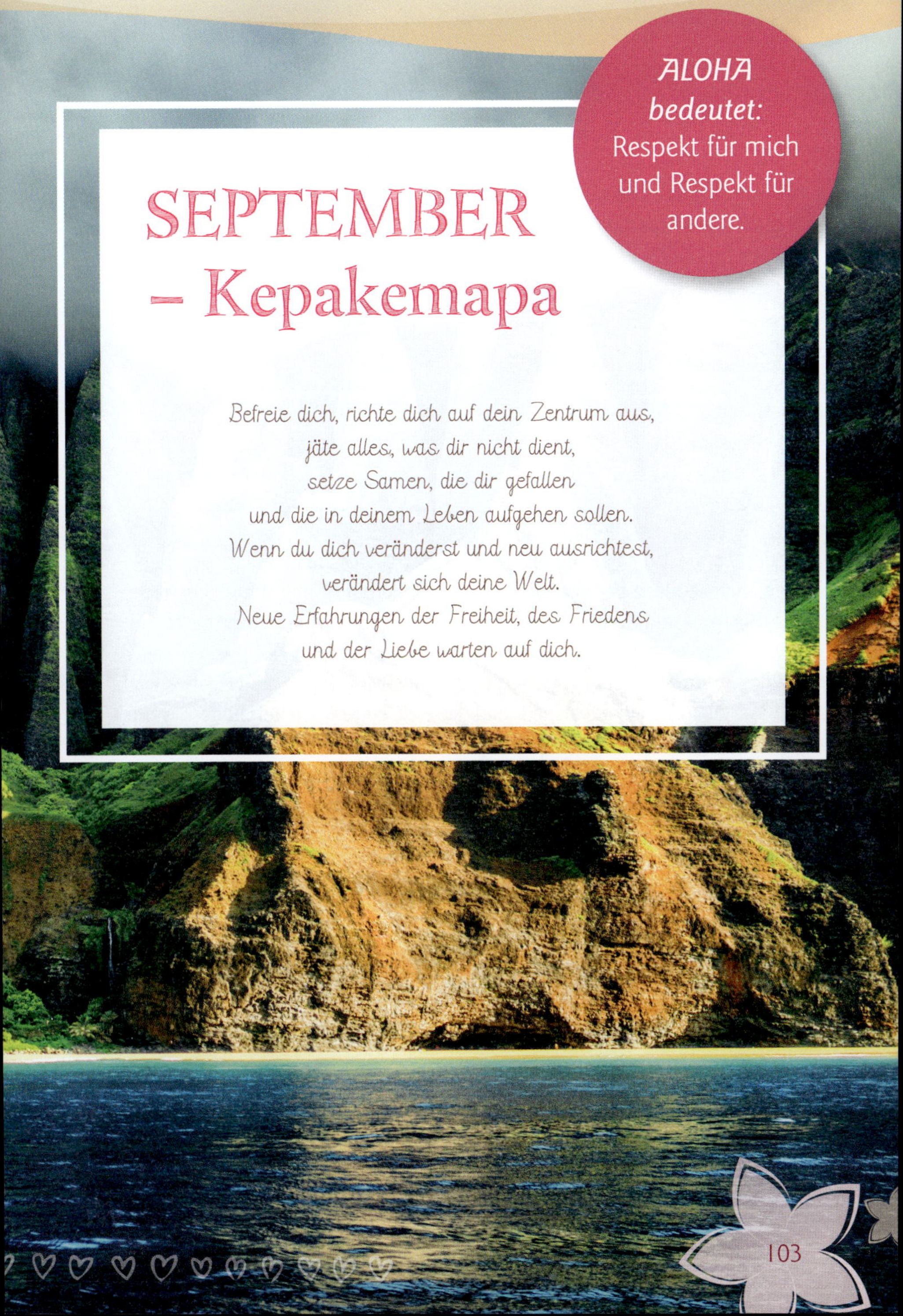

ALOHA bedeutet: Respekt für mich und Respekt für andere.

SEPTEMBER – Kepakemapa

Befreie dich, richte dich auf dein Zentrum aus,
jäte alles, was dir nicht dient,
setze Samen, die dir gefallen
und die in deinem Leben aufgehen sollen.
Wenn du dich veränderst und neu ausrichtest,
verändert sich deine Welt.
Neue Erfahrungen der Freiheit, des Friedens
und der Liebe warten auf dich.

September

Im September ist in unseren Breiten die Erntezeit in vollem Gange. Auf Hawaii hingegen kann man wegen des Klimas das ganze Jahr über ernten. Wenn wir uns etwas von der Natur nehmen, sollten wir ihr etwas zurückgeben. Der erste Schluck unseres Wassers oder ein Teil unseres Brotes z. B. kann für Mutter Erde sein.

Lomi Lomi

Wenn du die Haut berührst, berührst du gleichzeitig die Knochen.

Lomi Lomi ist die Bezeichnung für die hawaiianische Massage, eine tiefgehende, äußerst berührende Körperarbeit. Unser Körper sehnt sich nach Zärtlichkeit und Berührung. Wir haben in jeder Zelle ein Herz, und wenn wir lieben, leuchten alle Zellkerne unseres Körpers.
Alles, was wir erleben, speichert sich in unserem Körper ab. Negative Erlebnisse, die in Zellen gepeichert sind, können zu Krankheiten führen, wenn sie nicht mit Liebe, die sie wieder entspannt, berührt werden.

Frage dich: Welche Teile deines Körpers rufen nach Berührung und Zärtlichkeit? Welche Teile wurden schon lange nicht mehr berührt? Gib deinem Körper diese Liebe und Berührung. Entspanne dich.

Iwi – Ich achte die Heiligkeit in mir

Du bist vollkommen, in jedem Augenblick deines Lebens. Ehre und achte die Heiligkeit deiner inneren Welt.

Sammle deine Energie in deinem Zentrum. Kümmere dich um deine Angelegenheiten. Wofür möchtest du die dir geschenkte Lebensenergie nutzen? Behandle dich und andere mit Respekt und Achtung. Das, was du in die Welt strahlst, strahlt zu dir zurück. Wisse um die Göttlichkeit deiner Seele. Was wirst du dir in Zukunft regelmäßig Gutes tun?

....

....

....

....

....

Lono im Tiki Waena

Wir haben im Raum unseres Herzens einen Ort, an dem wir vollkommen sicher und geborgen sind. Wir können diesen Ort jederzeit betreten, ihn erkunden und mit den Spirits in Kontakt treten, damit sie uns führen können. An diesem Ort können wir auch ***Lono*** begegnen. ***Lono*** ist der Aspekt in dir, der deinen inneren Garten kennt, der ihn umgestalten und dich auf der mittleren Ebene führen kann. Man könnte ihn mit einer Gärtnerin vergleichen. ***Lono*** kann dir zeigen, wie du dich innerlich neu ausrichten kannst.

Wie sieht dein innerer Garten aus?

....

....

....

September

Was wächst dort?

Was hast du bisher geerntet?

Welche Ecken bedürfen der Fürsorge und Pflege?

Welche neuen Wege möchtest du anlegen?

....

....

....

....

....

....

Lasse dich von ***Lono*** an deinen inneren Ort führen. Schaue, was dir für das zweite Halbjahr gezeigt, gegeben und geraten wird, und notiere es hier.

....

....

....

....

....

....

Bedanke dich, und stärke deine Verbindung zu ***Lono***. ***Lono*** hilft dir dabei, dein inneres Sein so auszurichten, dass es reichlich Ernte hervorbringen wird.

Besonderheiten im September

Danke zu sagen bedeutet,
die Fülle des Universums anzuerkennen.

OKTOBER – 'Okakopa

ALOHA ***bedeutet:*** vergeben und loslassen.

Ein *Kala*-Reinigungsgebet

(Stelle dir, während du das Gebet sprichst,
die Lichtreinigung so intensiv wie möglich vor.)

*Ich reinige mich im Geiste von ALOHA
mit La'akea, dem höchsten Licht.
Das kristallin strahlende, flüssige Regenbogenlicht
aus den höchsten Ebenen
reinigt meinen Körper,
reinigt meine Seele,
reinigt mein Herz,
reinigt meinen Geist.
Das Licht ist in mir, ich bin in diesem Licht.
Ich komme aus diesem Licht,
ich kehre heim in dieses Licht.
Das Licht leitet mich.
Es strahlt aus mir heraus, um meine Umgebung
mit Frieden, Liebe, Freude, Klarheit, Weisheit und Güte
zu erfüllen.
Ich bin Licht von Licht.*

Ho'oponopono – ehrlicher Dialog

HO'O = »machen, begründen, tun«
PONO = »flexibel, richtig, stimmig, kreativ«
PONOPONO = »etwas in die göttliche Ordnung zurückbringen, sich um etwas kümmern«
HO'OPONOPONO = »etwas richtigstellen, einen Irrtum auflösen, liebend korrigieren, in die göttliche Ordnung zurückkehren, übernatürliche Kräfte einbeziehen und sie zum Wohle aller wirken lassen«

Kurz: ***Ho'oponopono*** bedeutet, die Harmonie wiederherzustellen. Es gibt unzählige Varianten des ***Ho'oponopono***. Man kann es z. B. für sich allein, in einer Gruppe, über eine Meditation, über Gebete, Mantren oder aktives Handeln durchführen und diese Varianten ebenfalls auf die verschiedensten Arten und Weisen.

Ho'oponopono bedeutet für mich, über die Liebe, die Selbsterkenntnis und das Bewusstsein wieder in die göttliche Harmonie zurückzukehren. Wenn ich meine Resonanzen anerkenne und lösche, bin ich frei für neue Erfahrungen der Liebe. Wunder sind jederzeit möglich. ***Ho'oponopono*** bedeutet, dass ich zu 100 % die Verantwortung für alles, was in meiner Welt ist, übernehme.
Ho'oponopono bedeutet etwas klarstellen, etwas berichtigen, die Harmonie wiederherstellen, mit sich, seinen Mitmenschen und der Umwelt in Harmonie zu kommen. Es ist ein Weg der Ganzheit.

Wo liegt in dir ein Problem? Wo ist dein Resonanzfeld zu dem Problem?

....

....

....

....

....

....

....

....

....

....

....

....

Nimm es jetzt an. Verzeihe dir. Du kannst einen Konflikt auf der inneren Ebene lösen, indem du deine Resonanzfelder betrachtest und sie mit Liebe und Verständnis berührst. »Es tut mir leid, dass ich so denke, handle, fühle, doch ich liebe mich zutiefst.«

Anerkennung – »Bitte verzeih.«
Vergebung – »Es tut mir leid.«
Liebe – »Ich liebe dich.«
Entlassen – »Danke.«

Wenn ein Konflikt eine ganze Gruppe betrifft, so ist es wichtig, dass jedes Mitglied genügend Zeit zum Reden bekommt, bis alles gesagt wurde. Jeder darf sich äußern, muss es aber nicht. Derjenige, der gerade redet, hat die Aufmerksamkeit. Das Gesagte wird nicht interpretiert. Es wirkt im Raum.

Übung – Herzfühlen

Verschränke beide Hände vor deiner Brust, sodass du dein Herz fühlen kannst. Atme tiefer ein als normal. Deine Brust hebt und senkt sich. Fühle die Wärme deiner Hand auf deinem Herzen. Immer tiefer einatmen und ausatmen, Hand auf dem Herz, den Atem fühlen ... was macht das mit dir?

Schenke deinem Herzen nun deine volle Aufmerksamkeit, und sprich zu ihm: »Mein Herz, ich liebe deine Liebe.« Stelle dir vor, du siehst dein Herz schlagen. Wenn die Liebe ein Gesicht, einen Ausdruck hätte, wie würde sie sich dir zeigen?

Denke jetzt an ein Problem mit einem anderen Menschen, das dich gerade emotional und geistig sehr beschäftigt. Nimm dieses Problem jetzt in dein Herz. Nimm es in deinen strahlenden Punkt in deiner Brust, in deine Sonne. Dieses Problem ist in deinem Leben, weil ein Teil von dir mit diesem Problem in Verbindung steht. Ein Teil von dir hat dieses Problem in dein Leben gezogen. Nimm diesen Teil, den du nicht kennst, in dein Herz. Gib ihm deine Liebe, nimm ihn an. Fühle und sprich: »Ich verzeihe diesem Teil. Ich danke diesem Teil, denn er ist ein Teil von mir.«

Vielleicht wird das Licht, die Sonne größer. Atme in dein Herz ein. Dein Herz verstärkt das Feuer in dir. Der Teil beginnt sich im Lichte zu wandeln, bis er wieder ganz Licht ist. Wie fühlst du dich jetzt?

Bewege dich, öffne die Augen, und komme wieder in diesen Raum. Halte deine Erlebnisse und Empfindungen fest:

....

....

....

Vergib, bevor die Sonne untergeht.

Bowl of light

Die alten Hawaiianer glaubten, dass wir keine Menschen sind, die gelegentlich eine geistige Erfahrung machen, sondern dass wir geistige Wesen sind, die eine menschliche Erfahrung machen. Jeder von uns ist ein Original. Keinen von uns gibt es ein zweites Mal auf dieser Welt. Mit unserer Geburt wurden uns ganz bestimmte Kräfte und Fähigkeiten mitgegeben, damit wir unsere einzigartige Bestimmung hier erfüllen können. Wir tragen etwas in uns, was kein anderer Mensch auf dieser Erde in sich trägt. Wir haben eine einzigartige Medizin, ein einzigartiges Sein. Wir sollten Originale bleiben, statt Kopien zu werden.

Es gibt einen schönen hawaiianischen Brauch: Jedes Kind erhält eine Schale, die von einer der Ältesten geschnitzt wurde. Sie symbolisiert die Schale mit strahlendem Licht, mit reinem, göttlichem, unantastbarem Licht, die jeder Mensch hat. Dieses Licht ist unser Glück, unser Lebenselixier. Die Schale enthält die Begabungen und Fähigkeiten und das gesamte Licht und unsere geistige Größe, die in jeden von uns hineingelegt wurde. Unser Licht erhellt die Welt. Wenn wir durch das Leben gehen und Erfahrungen machen, die wir nicht wieder in den Fluss bringen, ist es, als ob jemand uns ***Pohaku*** – Steine – in die Schale des Lichtes legt. Sie blockieren unser Licht, und wir können nicht mehr so leuchten und glänzen in unserer einzigartigen geistigen Größe. Die Hawaiianer haben eine einfache Lösung dafür. Jeden Abend vor dem Sonnenuntergang schauen sie in ihre Schale des Lichtes. Sie drehen diese Schale um, sodass alles herausfallen kann, was sich am Tag in der Schale gesammelt hat, damit das Licht immer funkeln, leuchten und strahlen kann.

Gewöhne dir an, deine Schale aus Licht im Auge zu behalten und sie jeden Tag von negativen Ansammlungen zu reinigen. So kann das göttliche Licht in dir auf einzigartige Weise strahlen, so, wie nur du es vermagst, in alle Welten, mit denen du verbunden bist.

Besonderheiten im Oktober

ALOHA bedeutet: erkennen, dass jeder Mensch geliebt
und glücklich sein will und dass wir eins sind.

NOVEMBER – Nowemapa

Ihr, die ihr vor mir kamt, ich ehre euch. Ihr habt mir den Weg geebnet.

Ahnengebet aus dem *Ho'oponopono*

ALOHA, Vater, Mutter und Kind –
göttliche Schöpfung in einem.
Wenn meine Vorfahren, meine Verwandten,
meine Familie, Angehörigen oder ich jemanden,
egal auf welchem Weg,
verletzt, beleidigt oder unwürdig behandelt haben,
in Gesten, Worten, Verhalten und Taten,
von Anbeginn bis zum heutigen Tag, dann bitte ich
hiermit aus tiefstem Herzen um Vergebung und Erlösung.
Möge dieses Gebet Auflösung, Reinigung, Befreiung und
Gnade sein von allen schlechten Erinnerungen, Gefühlen,
Energien, Vibrationen und Blockaden.
Verwandle all diese Energie in reines strahlendes Licht.
Mahalo Ke Akua.
So sei es – heute und für immer.
Amama!

Aumakua – Ahnen

Wenn wir unsere Ahnen segnen und würdigen können, kann sich das Potenzial, das wir in unseren Genen tragen, ganz entfalten. In allen alten Kulturen war es ein wichtiger Brauch, die Vorfahren mit in die Zeremonien, Gebete und Rituale einzubeziehen. Das Leben hört nicht mit dem Sterben auf. Im Kreise unserer liebenden Ahnen sind wir geborgen und gut aufgehoben. »Ahnung« kommt von den »Ahnen«. Wir können uns jederzeit an sie wenden und für ihren Segen danken. »Alles ist gut so, wie es ist«, ist ein sehr wichtiger Satz auf Hawaii. Es gibt ein tiefes Vertrauen in die Kraft, die alles durchdringt, alles erschafft und wieder zu sich nimmt. Der Tod wird als innerer Raum gesehen, in dem man auf das gelebte Leben zurückschaut, alte Bekanntschaften auffrischt, in dem die Lebenskraft sich erholt und erneuert und sich für neue Erfahrungen des Wachstums bereit macht. Dieser innere Ort, dieser Zustand wird »Po« genannt.

Spirit-Linie

Ohana, die Familie, bedeutet auf Hawaii wesentlich mehr als nur die Ahnenlinie, die Blutlinie von Vater und Mutter. Der Begriff »Familie« umfasst darüber hinaus die Ahnen aus vorangegangenen Inkarnationen, die Ahnen, die vor langer Zeit in ihrer vollen Größe und Kraft auf diesem Planeten gewirkt haben, die kosmischen Eltern, die seelische und spirituelle Familie, mit der wir tief im Herzen verbunden sind. Wir können nichtmenschliche Inkarnationen erlebt haben, etwa in den Naturgeisterreichen, in den Pflanzen-, Tier- und Mineralreichen, in den Engelreichen, den kosmischen Reichen und den Sternenreichen. Diese Inkarnationen zählen ebenfalls zu den ***Aumakua***, mit denen wir verbunden sind und die aus den geistigen Reichen über uns wachen.

Im HUNA ist alles eins, das heißt auch, dass wir mit allem verwandt sind. Im Schamanismus wird das Gebet oft mit »... für alle meine Verwandten« beendet, was die lebendige Schöpfung einschließt.

Übung zu den Aumakua

Frage dich: »In welchen Reichen fühlt sich meine Seele zu Hause?«

Hier einige der ***Aumakua*** der Spirit-Reiche:
Elemente: Feuer, Wasser, Erde, Luft, Äther?
Naturreiche: Zwerge, Feen, Elfen, Elben, Meerjungfrauen, Nixen, Feuerwesen ...?
Pflanzenreiche: Elfen, Blumenfeen ...?
Steinreiche: Wächter, Hüter, Halter von Energie, Speicher, Kristallwesen ...?
Tierreiche: Welche Tiere magst du ganz besonders?
Magische Reiche: Druiden, Medizinfrauen/Medizinmänner, Schamanen, Heiler, Kräuterfrauen, Geschichtenerzähler, Gaukler, Alchemisten, Hexen, Priesterschaften, Zauberer, Mönche, Yogis, Kahunas, spirituelle Lehrer ...?
Länder: Zu welchen Ländern fühlst du dich hingezogen? Sie können dir auch einen Hinweis auf altes Wissen in deiner Seele geben.
Engelreiche: Engel, Erzengel, Seraphim, Elohim ...?
Geistige Bereiche: Shambala, Avalon, Ägypten, Atlantis, Lemuria ...?
Sternenwesen: Sternensysteme, Plejaden, Sirius, Orion, Mars, Venus, Jupiter?

Notiere deine Reiche:

....

....

....

....

....

....

Haie

Gefürchtet und geehrt – manche Haie gelten bei den Hawaiianern als Ahnengötter, andere sind ***Kupua*** (teils menschliche, teils göttliche Wesen). Die Haie wachen über die alten Heiligtümer der Hawaiianer. Sie sorgen für Gerechtigkeit und folgen einer höheren Ordnung. Wenn die Menschen nicht weiterwussten, ließen sie die Haie entscheiden, denn sie galten als Instanz einer höheren Ordnung. Es gibt viele alte Initiationsriten mit Haien. Wer den Haien hilft, hat nichts zu befürchten.

Haie sind Träger von kraftvollem und mächtigem ***Mana*** für die Führer eines Volkes. Sie gehören zu den mächtigsten und kraftvollsten Spirit-Tieren der Hawaiianer. In vielen Familien sind sie die ***Aumakua***. Kein Eingeborener soll je von einem Hai gebissen worden sein.

Die Botschaften der Haie lauten:

* Gehe deinen eigenen Weg aus der Kraft der Liebe – ohne Angst.
* Habe Respekt vor der Schöpfung und ihren Geschöpfen. Achte und ehre sie!
* Du hast viel *Mana* – Lebenskraft –, die du anderen zur Verfügung stellen kannst, damit sie wachsen.
* Sei wachsam! Sei aufmerksam!
* Sei wahrhaftig und in dir ausgerichtet!
* Dehne deine Aufmerksamkeit über die sichtbaren Grenzen hinaus aus!
* Lade dich auf! Beobachte! Du weißt genau, wann du was zu tun hast!

ALOHA bedeutet: die Kräfte der Ahnen ehren.

Geckos

Die Geckos zählen auf Hawaii zu den heiligsten Tieren. Sie sind in Gärten und Häusern zu finden und halten diese sauber von Spinnen, Mücken und ähnlichem Getier. Ihr friedliches, sanftmütiges Sein kündigt Glück und Freude an, und ihre zirpenden Geräusche überbringen Botschaften oder heilige Formeln.

Geckos stehen für Transformation, Tod und Wiedergeburt, Spiritualität, Glück, Wunder und spirituelle Führung. Man spricht ihnen eine »Super-Power« zu. Hohe Spirits, liebende Ahnen und Gottheiten können die Form eines Geckos annehmen. Geckos sind Formwechsler und Traumhüter. In manchen hawaiianischen Familien zählen sie zu den ***Aumakua.***

Die Botschaften der Geckos lauten:

* Gute Spirits begleiten dich!
* Du bist beschützt!
* Achte auf deine Träume und auf deine Eingebungen!
* Eine Wandlung steht bevor!
* Öffne dich für deine geistige Natur!
* Du wirst aus höchsten Ebenen begleitet und geführt.
* Spirituelle Wesen, ***Aumakua,*** sind in der Nähe!
* Das Glück ist mit dir!

Besonderheiten im November

ALOHA bedeutet: eine Krise als Angebot betrachten, um sich zu wandeln. Alles wird immer wieder neu.

DEZEMBER – Kekemapa

ALOHA ***bedeutet:*** über das Wunder des Lebens staunen.

Unser inneres Licht will uns an die Hand nehmen,
will uns zum großen Licht in die Einheit zurückbringen.
Wir kommen aus dem großen Licht,
und wir gehen dorthin zurück.
Das höchste Ziel ist es, den Ursprung allen Lichts
innerhalb und außerhalb von uns zu erreichen.
Wir können mit vielen Techniken arbeiten.
Der Weg lohnt sich, wenn wir bewusst
in das Eine eingehen
und Einssein und die Liebe in allem
und in jeder Begegnung erfahren wollen.
Die Herzen heilen. Wunden schließen sich.
Der ewige Fluss der Liebe
bringt alles wieder in den Ursprung
des ewigen Friedens zurück.
ALOHA.

Mahalo

»Mahalo« bedeutet »die Gegenwart des göttlichen Atems« (MA = in, HA = Atem, ALO = gegenwärtig) oder einfach »Danke«. »Mahalo nui loa« bedeutet »Vielen Dank« oder »das Verströmen des göttlichen Atems«.

Danken bedeutet, das Leben wertzuschätzen. Indem wir Dank bezeugen, ehren wir die Segnungen des Augenblicks. Wir erkennen die Führung der Schöpfung an. Dankbarkeit ist ein Schlüssel zur Ewigkeit. Schaue, wofür du heute in deinem Leben danken kannst!

Welche Menschen haben dich durch das Jahr begleitet?

....

....

....

....

Was waren besondere Wendepunkte, Ereignisse und Höhepunkte in diesem Jahr?

....

....

....

....

....

Begegnung mit den Walen

Vor den Küsten Mauis kann man von Dezember bis April beobachten, wie Hunderte von Walen ihre Jungen auf die Welt bringen und den Neugeborenen ihre Gesänge beibringen. Die Begegnung mit und die Nähe zu den Walen sind sehr berührend. Ihre Gesänge öffnen und heilen das Herz. Sie harmonisieren das Erdgitternetz und verbinden uns mit dem Allraum. Ihre Schwanzflosse ist ein Symbol für Schnelligkeit und Stärke.

Die Botschaften der Wale lauten:

* Öffne dich für die Allverbundenheit!
* Öffne dich für die Verbundenheit in der Familie!
* Atme tief und lang! Tauche immer wieder auf!
* Alte Klänge tragen dich in deinem Herzen!
* Singe dein Lied! Töne deinen einzigartigen Ton!
* In der Tiefe wirst du getragen und mit dem gesamten Allfeld abgeglichen und danach ausgerichtet.
* Alle Kraft kommt von innen!
* Du bist göttlich geführt!

Pule – Gebet

Ein Gebet ist ein Dank an die Schöpfung.

Ein Gebet wird durch einen Gedanken, ein Wort oder einen Gesang ausgedrückt. Die Schöpfung wird gesegnet. Ein Gebet erinnert daran, dass jedes Wesen selbst direkt mit Gott verbunden ist. In einem Gebet wenden wir uns an die höhere Führung und gestatten ihr, aus den höchsten Ebenen in unser Leben hineinzuwirken.
Beten heißt, der göttlichen Kraft zu vertrauen.

ALOHA e ke Akua.
Mahalo a nui loa no keia la a me na makana
nui au i ha awi maila.
Göttliche Gegenwart, wir grüßen dich in Liebe.
Danke für diesen Tag und all die Segnungen,
die du uns gibst.

Hau'oli Makahiki Hou! – Ein frohes neues Jahr!

In der christlichen Advents- und Weihnachtszeit fand auf Hawaii lange Zeit auch das Makahiki-Fest statt. »Makahiki« bedeutet »Jahr«. Dieses Fest wurde zu Ehren des Gottes ***Lono*** über einen Zeitraum von vier Monaten gefeiert (zwischen Oktober/November und Februar/März). In dieser Zeit wurden viele religiöse Zeremonien durchgeführt, und der Schöpfung wurde auf allen erdenklichen Weisen für die reichen Gaben gedankt. Die Menschen teilten ihre Ernte, freuten sich an dem, was ***Lono*** ihnen gebracht hatte, und gaben der Schöpfung und den Spirits etwas zurück. Die Familien kamen zusammen und verbrachten Zeit mit Sport, Spiel, Tanzen und Feiern. Kriege und andere Auseinandersetzungen waren in dieser Zeit verboten.

Dieses Fest wurde in drei Phasen gefeiert:

- Die erste Phase war eine Zeit der geistigen Reinigung, der Opfer- und der Dankesgaben.
- Die zweite Phase war eine Zeit des Feierns und der Spiele.
- Die dritte Phase war eine Phase der Prüfung und der Öffnung in eine neue Runde.

Heute wird das Fest an manchen Orten noch in der ursprünglichen Form gefeiert. Die Makahiki-Tradition an sich ist in die »ALOHA-Festivals« eingebunden, ein nationales kulturelles Festival, das zwischen August und Oktober sechs Wochen lang auf den Inseln Kaua'i, O'ahu, Maui, Moloka'i und Big Island gefeiert wird.

Segen im Kommen, Segen im Gehen,
Segen im Wiedersehen.

Besonderheiten im Dezember

ALOHA bedeutet: in Liebe miteinander verbunden sein.

Nachwort

Halte für einen Moment die Vision des Friedens in der Liebe. Wie würde eine Welt aussehen, in der die Liebe regieren würde und ALOHA Gesetz wäre?

Möge der ALOHA-Spirit um die Welt gehen, die Liebe in allem erwachen und Frieden auf Erden werden – Frieden über alle Grenzen.

In Liebe,
Eure Jeanne Ruland

Über die Autorin

Jeanne Ruland Ist Autorin, Wegbereiterin in die Neue Zeit, Engelmedium, Lehrerin und internationale Seminarleiterin. Sie unterrichtet Natur-, Engel-, Meister- und Strahlenlehre, Huna sowie die Lehre der Heiligen Geometrie. Ihre Seminartätigkeit begann im Jahr 2000. Ihr fundiertes Wissen und ihre langjährige Erfahrung in der Energiearbeit gibt sie gern weiter, um zu erinnern und zu erwecken. Sie bietet internationale Reisen zu Kraftorten an.

Ihre bekanntesten Werke sind: »Das große Buch der Engel«, »Die lichte Kraft der Engel«, »Die Gegenwart der Meister«, »Krafttiere begleiten dein Leben«, »ALOHA – Gelebte Liebe«, »Maria Magdalena« sowie Buch, CD und Kartenset zum Thema »Heilige Geometrie«.

Bildnachweis

Bilder der Bilddatenbank www.shutterstock.de:
Vor- und Nachsatz: # 175150928 (© Natali Zakharova), # 332694602 (© Eva Kali), # 614017487 (© jamlong tunkaew), # 274056950 (© Lena Livaya)
Stilelemente: Blüten bunt: # 400399168 (© raksina), Übungen (Pflanzen bunt & Hintergrund): # 626836742 (© Natalya Timofeeva), Blüte Seitenzahl: # 274056950 (© Lena Livaya), Herzkette: # 332694602 (© Eva Kali)
Weitere Bilder: S. 3–5: # 614017487 (© jamlong tunkaew), S. 6–12, 14–18, 23–30, 48–55, S. 127: # 1018474483 (© Konstanttin), S. 8: # 86957992 (© foxaon1987), S. 12: # 435805597 (© Zakharchuk), S. 10: # 87285490 (© 87285490), S. 26: # 89356525 (© Maria Timofeeva), S. 31, 33–34, 36, 38, 40–42, 44, 46: # 650585767 (© Maridav), S. 40: # 617100947 (© Tonktiti), S. 56–58, 60: # 295429772 (© stockphoto-graf), S. 62: # 91550702 (© cammep), S. 61–6, 64, 67: # 617517830 (© Bruce Beck), S. 68–71, 73: # 352869731 (© David Litman), S. 75: # 274343975 (© PongMoji), S. 74–75, 77–78: # 698758309 (© norinori303), S. 77: # 271171424 (© KieferPix), S. 79–81, 84: # 105896264 (© RuthChoi), S. 85–88: # 388057081 (© Willyam Bradberry), S. 89–90, 92–93, 95: # 559143499 (© Fominayaphoto), S. 93: # 290381279 (© KK Tan), S. 99: # 271338995 (© Zodiact), S. 96–99, 102: # 234227929 (© MNStudio), S. 103–108: # 632511926 (© Maridav), S. 109–111, 114–115: # 557762503 (© Shane Myers Photography), S. 116–121: # 602284805 (© alabn), S. 120: # 1085026676 (© ArCaLu), S. 122–126: # 255938671 (© David Franklin),
© Murat Karacay: S. 23: Bild Kanaloa